2022
最美医生

本书编写组

学习出版社

图书在版编目（CIP）数据

2022最美医生 / 本书编写组. --北京 : 学习出版社，2023.11

ISBN 978-7-5147-1213-1

Ⅰ. ①2… Ⅱ. ①本… Ⅲ. ①医生－先进事迹－中国－现代 Ⅳ. ①K826.2

中国国家版本馆CIP数据核字(2023)第089023号

2022最美医生

2022 ZUIMEI YISHENG

本书编写组

责任编辑：夏　静
技术编辑：胡　啸

出版发行：学习出版社
　　　　　北京市崇外大街11号新成文化大厦B座11层（100062）
　　　　　010-66063020　010-66061634　010-66061646
网　　址：http://www.xuexiph.cn
经　　销：新华书店
印　　刷：北京盛通印刷股份有限公司

开　　本：710毫米×1000毫米　1/16
印　　张：15
字　　数：168千字
版次印次：2023年11月第1版　2023年11月第1次印刷

书　　号：ISBN 978-7-5147-1213-1
定　　价：48.00元

如有印装错误请与本社联系调换，电话：010-67081356

前　言

　　为深入学习贯彻习近平总书记关于卫生健康工作的重要指示批示精神，大力弘扬伟大建党精神、伟大抗疫精神，激励广大医疗卫生工作者为守护人民健康不懈奋斗，在第五个"中国医师节"到来之际，中宣部、国家卫生健康委向全社会公开发布2022年"最美医生"先进事迹。他们是：丁仁彧、马文义、许润三、孙宁、张静、周行涛、胡敏华、高琪、管向东、潘凤等10名个人和抗击新冠肺炎疫情国家流调专家队。

　　他们有的悬壶济世，为中医药事业奉献一生；有的数次出征，奋战在抗击新冠疫情一线；有的潜心钻研，为消除疟疾作出重要贡献；有的躬身前行，呵护儿童青少年视力健康；有的润物无声，坚守数十年为患者点燃心灯；有的扎根边疆，守护高原村寨群众健康；还有的激扬青春，在追梦奋斗中展现青年医者担当……他们坚持人民至上、生命至上，积极投身健康中国建设，矢志不渝维护人民健康，生动展现了党领导卫生健康事业的奋斗历程和光辉成就，深刻诠释了"敬佑生命、救死扶伤、甘于奉献、大爱无疆"的崇高精神。

为进一步发挥行业先进典型示范带动作用，营造见贤思齐、崇德向善的良好氛围，我们收集整理了2022年"最美医生"的先进事迹，讲述"最美"故事，展现"最美"精神，激励广大医疗卫生工作者以"最美医生"为榜样，不断涵养医德医风，锤炼医技医术，切实担当作为，为新时代卫生健康事业高质量发展作出新贡献！

目 录

Contents

抗击新冠肺炎疫情国家流调专家队

用爱守护 不负重托

——2022 年"最美医生"巡礼

◎ 白剑峰 杨彦帆

在第五个"中国医师节"前夕，中宣部、国家卫生健康委联合发布 2022 年"最美医生"先进事迹。丁仁彧、马文义、许润三、孙宁、张静、周行涛、胡敏华、高琪、管向东、潘凤等 10 名个人和抗击新冠肺炎疫情国家流调专家队光荣入选。

健康所系，性命相托。每一次出诊，每一台手术，每一次逆行出征，每一场疫情防控……广大医务工作者始终坚持人民至上、生命至上，用大爱和责任守护人民健康，彰显了白衣战士的使命和担当，赢得了社会的广泛赞誉。

生命至上，再苦再累也值得

"我的目标只有一个，挽救重症病人的生命。"中国医科大学附属第一医院重症医学科副主任、主任医师丁仁彧话语铿锵。

2006 年毕业时，丁仁彧一头扎进了重症医学科，一干就是 16 年。2020 年新冠疫情发生后，丁仁彧主动请缨支援武汉。一次，一名患者病情突然恶化，血氧饱和度直线下降，出现严重的呼吸衰竭。丁仁彧立刻作出反应："快，做气管插管！"

穿好隔离防护服，连好呼吸机、调整呼吸机参数、处理穿刺置管、泵注镇静药……经过手术后，患者表情慢慢舒缓，丁仁彧长长地舒了一口气。这时候，3 个多小时已经过去。

"随时关注患者的病情变化，每天都处于紧张状态，但治病救人是我的职责，再苦再累也值得！"丁仁彧说。

穿上白大褂，胸前佩戴党员徽章，这是中山大学附属第一医院重症医学科主任、主任医师管向东的习惯。他的医生帽上还绣有"党员管向东"几个字。他说，希望患者看到"党员"时就能安心、放心，也希望这两个字时时鞭策自己。

在日常诊疗中，管向东总是把患者的需求放在第一位。他注意到，重症监护室里的患者渴望关爱，家属也希望及时了解病情和治疗进展，于是提出"打造有温度的科室"，鼓励医护人员至少每天与每名患者的家属交流一次，及时沟通患者的病情并回答家属的疑问。

"手部消毒、环境消毒一定做到位""检查一下防护服、护目镜、口罩佩戴情况"……每天上岗前，山东省威海市立医院感染性疾病科主任张静总会先到门诊，叮嘱医护人员做好防护工作。

"科室要想发展，就要从传统的传染病防治转变为大感染的概念。"张静说。2014 年 10 月，由她牵头组建的感染性疾病科病房投入使用，成为感染性疾病学科领域的创新之举。

许润三是第三届国医大师、中日友好医院中医妇科主任医师，治愈不孕症患者数以千计。他说："看病要专注，一辈子研究透一个病就行。"

许润三潜心钻研，运用中医理论系统论述了输卵管阻塞的病因、病机，并确定了中医病名、诊断要点和特色疗法，形成一套行之有效的中医诊疗方案。如今，许润三已年过九旬，依然坚持在临床一线出诊。他常常教导年轻医生："我们要体谅患者的不易，'医乃仁术'，不能做冷冰冰的医生，诊疗要有温度和人情味。"

辛勤付出，不放弃任何一名患者

青海省黄南藏族自治州泽库县平均海拔 3700 米左右，条件艰苦。在这片草原上，有一位深受牧民群众信任的医生马文义。

马文义是泽库县人民医院内、外、妇、儿、骨科样样精通的"多面手"。他和同事们开展的腹腔镜下胆囊切除加胆总管探查术等，填补了当地医疗技术空白。

多年来，草原牧民和马文义建立了深厚的友谊。有些牧民去县城的医院看病时，还会给马文义带去新鲜的牛奶。"泽库草原哺育了我，我要用精湛的医术回报这片草原。"马文义说。

一个药箱，一背就再没放下；一座山，一守就是 20 余年。20 多年来，贵州省安龙县普坪镇鲁沟塘村乡村医生潘凤走遍了鲁沟塘的家家户户。

70 多岁的王发珍每次来到卫生室，都只要五角钱的去痛片。潘凤每次都给老人仔细检查，发现她要么高烧，要么胃病，去痛片不但治不好，有时还对病情起反作用。因此，潘凤没按老人"要求"

做，而是对症下药，开的都是几元到几十元的药。老人先后到她的卫生室20余次，可潘凤收费总共不到5元。潘凤说："乡村医生责任重大，我把青春留在这里，也愿意用一生守护百姓健康。"

北京儿童医院新疆医院党委副书记、院长孙宁，被誉为小儿泌尿外科的"一把刀"。尿道下裂是一种高难度手术，他一般要缝合200针到300针、打800个到1500个结。孙宁认为，除了要让孩子的尿道恢复正常功能外，还要做得好看。为了这个目标，孙宁精益求精。

2021年2月，64岁的孙宁毅然接受医院委派远赴新疆对口支援。"我是一名医生，更是一名共产党员。国家有需要，那里的孩子们有需要，我就必须去。"

"医生不仅要治病救人，还要做更有意义的事。"孙宁说，等到北京儿童医院新疆医院建成后，患者就不用跑到更远的地方去看病了。

"不放弃任何一名患者"，这是江西省南昌市第九医院艾滋病治疗中心主任、主任护师胡敏华从事护理工作的信条。

2003年，南昌市第九医院病房里的一名艾滋病患者让胡敏华至今印象深刻：患者血管找不到，要抽血检测，只能做静脉切开术，这样一来，医生和护士就会有感染的风险。胡敏华接过同事手中的针管，从容地协助医生完成了操作。

2010年，胡敏华开通了"与艾滋病为邻"微博，越来越多的艾滋病患者通过微博联系胡敏华，不仅收获了防治知识，更得到了精神慰藉。2021年，胡敏华荣获第四十八届南丁格尔奖章。

用22年时间跟踪治疗一户角膜遗传疾病家庭，为一名近视

1400 度的患者实行眼内镜手术……复旦大学附属眼耳鼻喉科医院院长周行涛不断突破，为患者带来了光明和希望。

一次，周行涛为一名四岁半的患者做手术，小患者非常配合，让他很感动。手术后，他看着小患者的眼睛日渐明亮，如同看着自己的孩子。

近年来，他致力于将近视防控关口前移，带领团队创立"近视小飞侠"志愿服务团队品牌，开展线上线下互动科普，建立儿童与青少年屈光发育档案和动态数据库，每年为残疾儿童进行多次义诊。

科研攻关，织牢公共卫生防护网

我国曾是疟疾流行严重的国家。1983 年，江苏省血吸虫病防治研究所研究员高琪刚从事疟疾防治时，全国仍有近 300 万疟疾感染者，当时他就有个梦想："把 300 万降到 0。"

夏季到农村蹲点，白天挨家挨户进行传染源调查，晚上通宵达旦在田间和猪圈捕蚊子……为了掌握第一手资料，高琪长期坚守在疟疾防治一线，经常是一脸灰、一身泥，被蚊虫叮咬过敏红肿更是常事。长期的一线经历、扎实的研究功底，让高琪在疟疾防治领域取得了许多研究成果。他和团队经过试点总结了以"线索追踪，清点拔源"为主要原则的消除疟疾新策略，被世界卫生组织作为消除疟疾的"中国方案"纳入消除疟疾技术指南并向全球推广应用。

2021 年，中国正式获得世界卫生组织消除疟疾认证。高琪在高兴之余，仍在国内外疟疾诊治和防止输入再传播等问题上探索，他说："我的工作远没到停下来的时候。"

哪里有疫情，哪里有危险，哪里就有他们的身影。在疫情防控阻击战中，抗击新冠肺炎疫情国家流调专家队一次次赢得先机。

同时间赛跑。做流调工作不能放过任何蛛丝马迹，既需要很强的专业能力，又需要丰富的实战经验。为进一步发挥流行病学调查在新冠疫情应对处置中的关键作用，国家卫生健康委会同国家疾控局，从中国疾控中心和各地疾控机构遴选了一批流行病学调查、疫情分析、实验室检测等领域的专家，组建国家流调专家队。他们分片区对口包干、随时待命，一旦有地方报告疫情，就以最快的速度赶赴现场，支援疫情发生地迅速开展流调溯源、风险排查、疫情研判工作，提高疫情处置的科学、精准水平，力争以最短时间、最小成本来控制住疫情传播。国家流调专家队枕戈待旦、昼夜不息，织牢了公共卫生防护网。

深耕医学，践行仁心仁术；勇攀高峰，不负生命重托。作为广大医务工作者的代表，"最美医生"矢志不渝维护人民健康，深刻诠释了"敬佑生命、救死扶伤、甘于奉献、大爱无疆"的崇高精神，不愧为新时代最可爱的人！

《人民日报》2022 年 8 月 19 日

敬佑生命　甘于奉献

——记 2022 年"最美医生"

◎ 董瑞丰　顾天成

面对疫情，毅然递上请战书："我先上。"急病人所急，想病人所想："要用心去解除病痛。"

2022 年"最美医生"，诠释着"敬佑生命、救死扶伤、甘于奉献、大爱无疆"的崇高精神。

勇往直前，坚守战"疫"一线

从武汉雷神山医院开始，管向东几乎"转战"了湖北所有新冠患者定点收治医院的重症病房。

"疫情就是命令，我们医务人员义无反顾。"穿上白大褂，将党员徽章庄重佩戴在胸前，是中山大学附属第一医院重症医学科主任管向东的习惯。

两年多来，管向东 14 次奉命出征，足迹遍布多个省份的局部聚集性疫情发生地。

疫情袭来之时，150 名来自辽宁全省重症医学专业的医护人员紧急奔赴武汉抗疫前线。中国医科大学附属第一医院重症医学科副主任丁仁或是这支医疗队的队长。

他不仅冲在抗击新冠疫情的一线，甲流、H7N9 型禽流感、爆炸伤员救治、洪水救灾……哪里有需要，他就奔向哪里。

山东省威海市立医院感染性疾病科主任张静一直从事感染性疾病防治工作，在抗疫中经受极大考验。新冠疫情暴发初期，她带领团队在短短 18 小时内完成医院发热门诊的扩建工作，在防护物资不足的情况下，最大限度严把感染控制关……

为进一步发挥流行病学调查在新冠疫情应对处置中的关键作用，国家卫生健康委会同国家疾病控制局，从中国疾控中心和各地疾控机构遴选了一批在流行病学调查、疫情分析、实验室检测等领域专业能力强、实战经验丰富的专家，组建国家流调专家队。

他们分片区对口包干、随时待命，一旦有地方报告疫情，以最快速度赶赴现场，支援疫情发生地迅速开展流调溯源、风险排查、疫情研判工作，提高疫情处置的科学、精准水平，力争以最短时间、最小成本控制住疫情传播。

甘于奉献，秉持医者仁心

泽库县，隶属青海省黄南藏族自治州，海拔超过 3700 米。那里有一位回族医生，被牧民们亲切称为"高原好曼巴（医生）"，他就是泽库县人民医院外科主任医师、院长马文义。

1995 年，初到泽库县工作的马文义为了更好服务当地群众，用一年时间熟练学会了藏语，扎根当地行医 27 年，通过刻苦自学，成为县人民医院内、外、妇、儿、骨科"十八般技艺"样样精通的多面手。挂满他办公室的藏汉双语锦旗，表达了各族患者对这位高原"最美医生"的感激与敬重。

安龙县，位于贵州省黔西南布依族苗族自治州苗岭之上。一位身着白大褂的女医生，多年奔走在山野乡间和羊肠小道上。她叫潘凤，是安龙县鲁沟塘村乡村医生。

为产妇接生、为老人针灸、为困难病人义诊、指导村民防控疫情……24 年来，潘凤用自己的青春和汗水服务当地苗乡群众。

2021 年 2 月，已过花甲之年的孙宁毫不犹豫地远赴新疆，担任北京儿童医院新疆医院党委副书记、院长。作为中国小儿泌尿外科权威专家，他不断推动儿科优质医疗资源下沉。"既然国家需要，新疆的孩子们需要，我就过来。"孙宁说。

70 余载杏林春暖，96 岁高龄的国医大师许润三依然坚守在临床一线。查房和出门诊时，他坚持自己书写病历，遣方用药仔细斟酌。

他开的处方总是价格低、药味少、疗效好。"在保证疗效的基础上尽量使用便宜、有效的药物，减轻患者的经济负担。"许润三说。

不忘初心，增进人民健康福祉

"我们是给人光明的，有光就有希望。"30 多年来，复旦大学附属眼耳鼻喉科医院院长周行涛用精湛医术为大量眼病患者带去光明。

治已病，还要治未病。"近视问题解决了吗？"周行涛大力推行近视防控科普，建立儿童与青少年的屈光发育档案……这是一条精准医疗与健康教育、大众科学防控并进的防治之路。

我国曾是疟疾流行严重的国家。江苏省血吸虫病防治研究所研究员高琪 1983 年起从事疟疾防治工作时就有一个梦想——消除疟疾。

每年夏季到农村蹲点，开展捕蚊、传染源调查研究活动；全程参与国家消除疟疾行动计划的制订和实施……2021 年 6 月 30 日，我国获得世界卫生组织颁发的国家消除疟疾认证，这一刻，高琪热泪盈眶。

择一事，终一生。从事临床护理 34 年，其中坚守艾滋病护理岗位 22 年，江西省南昌市第九医院艾滋病治疗中心主任胡敏华矢志不渝。

参与江西省艾滋病治疗中心的创建，累计救护艾滋病患者 3000 多名；进行全省防艾志愿者培训项目、艾滋病反歧视宣传；走进各大高校进行防艾知识宣传讲座……胡敏华的手机中累计储存了 1000 多位艾滋病患者的电话号码，"生命热线"从未中断。

秉承优良传统，以"最美医生"为代表的中国医者不断为增进人民健康福祉作出新贡献，为健康中国建设谱写新篇章。

新华社北京 2022 年 8 月 18 日电

用大爱和责任守护人民健康

——致敬二〇二二年"最美医生"

◎ 金振娅

在我国的医学事业中，涌现出了一代又一代高尚医者，他们中有长期耕耘在临床一线的专家，有千千万万扎根基层的普通医师，还有诸多享誉国内外的名医大家。

截至 2021 年年末，我国卫生技术人员达 1124.2 万人，其中执业（助理）医师 428.7 万人。日前，中宣部和国家卫生健康委共同评选出 10 位"最美医生"和 1 个"最美团队"。

仁术济世

"菩提一叶，慈润三千"，表达了许多患者对国医大师许润三的由衷感激。

20 世纪 30 年代，在江苏盐城阜宁县，兵荒马乱，18 岁的许富之（许润三的曾用名）为了躲避日本兵的扫荡，逃进围沟不幸患病昏迷，最后经江苏名医崔省三的救治得以脱险。深感中医药的神奇，他立志从医。多年后，他将名字改为许润三，取"诗书典籍以润屋、救人治病以润德、饱学大度以润身"之意，开启了他仁术济世的一生。

从医 70 余载，许润三潜心医道，精通内外妇儿诸科，尤其善于妇科疾病诊疗，提出不孕症应采用辨证与辨病有机结合的治疗方案，形成一整套行之有效的中医诊疗规范，填补了中医在治疗输卵管阻塞方面论述及治疗的空白，治愈不孕症患者数以千计，遍及国内外。虽已是 96 岁高龄，许润三依然坚守在中日友好医院临床一线，为来自四面八方的患者悉心诊治。

被同行誉为中国小儿泌尿外科"一把刀"的孙宁，是首都医科大学附属北京儿童医院外科教研室名誉主任。从医 38 年来，孙宁带着团队帮助 30 余家医院发展了小儿泌尿外科，为上万名儿童解除病痛。

2020 年 12 月，北京儿童医院新疆医院国家儿童区域医疗中心（筹建）在新疆儿童医院正式揭牌。为了让更多患儿能够就近就医，次年 2 月，已过花甲之年的孙宁毅然接受院党委委派远赴新疆，负责全面工作。

我国曾是疟疾流行严重的国家。早在 1983 年，"把疟疾患病数字降到 0"就成为高琪毕生奋斗的目标。

如今，担任世卫组织疟疾顾问、国家疟疾技术专家组组长、国家重症疟疾救治专家组副组长的高琪，主持制定多项国家和行业标准；赴全国多省指导重症恶性疟救治，挽救数百位恶性疟危重患者的生命；远赴 20 多个疟疾流行国家指导疟疾控制和技术培训，先后培训了 50 多个国家的 1700 多名学员。

近年来，近视已逐渐成为全球化的健康问题。复旦大学附属眼耳鼻喉科医院院长周行涛，30 多年致力于提高近视患者视觉质量，在国内创造了多项"第一"：第一个开拓"优化表层切削 LASEK"技术，第一例全飞秒激光手术者，国内第一例高度近视眼内镜（V4c）手术者，第一本关于飞秒激光著作的作者。

白衣为甲

庚子年前后，面对突如其来的新冠疫情，全国数百万名医务人员白衣为甲，奋战在抗疫一线，给病毒肆虐的漫漫黑夜带来了光明。

2020 年年初，丁仁或主动请缨，担任辽宁援鄂重症医疗队队长，带领 150 名来自全省重症医学专业的医护人员，逆行出征，奔赴武汉抗疫前线，接管武汉大学人民医院东院区的三、四病区，集中救治重症患者。随后，丁仁或又带领党支部的党员同志，先后奔赴多地参加救治工作，其间涌现出多名先进典型，10 余人次获得省级及以上荣誉称号。

"凡为医者，性存温雅，志必谦恭，动顺礼节，举乃和柔，无自妄尊，不可矫饰"，这是管向东的座右铭。

作为中山大学附属第一医院重症医学科主任的管向东还担任着中华医学会重症医学分会主任委员。疫情之初，他向全国同行发出倡议书，获得了积极响应；作为国务院联防联控机制医疗救治组专家，他第一时间受命驰援武汉，驻点雷神山医院，转战武汉几乎所有定点医院 ICU、湖北各基层县市疫情定点医院和 ICU；两年多来，

14 次奉命出征，在涉疫区奋战 300 多天，凭借精湛的医术，为每一位重症患者织起一张生命之网。

新冠疫情发生后，山东省威海市立医院感染性疾病科副主任张静带领医护人员，18 个小时内就完成医院发热门诊扩建工作，解决了发热患者集中就诊难题；作为威海市新冠疫情救治医疗队队长，张静带领团队为患者提供精准治疗和护理服务。

在疫情防控中，为进一步发挥流行病学调查在疫情应对处置中的关键作用，国家卫生健康委会同国家疾病控制局，从中国疾控中心和各地疾控机构遴选了一批在流行病学调查、疫情分析、实验室检测等领域专业能力强、实战经验丰富的专家，组建国家流调专家队。他们分片区对口包干、随时待命，有地方报告疫情，便以最快速度赶赴现场，支援疫情发生地迅速开展流调溯源、风险排查、疫情研判工作，以最短时间、最小成本控制住疫情传播。

服务基层

泽库县，隶属青海省黄南藏族自治州，位于海拔 3700 米以上条件艰苦的"青南地区"。在这片离天很近的高地草原，泽库县人民医院外科主任医师、院长马文义，被牧民群众亲切地称为"高原好曼巴（医生）"。

27 年如一日，他为当地牧民群众祛病疗伤。马文义带领团队攻克多项技术难关，建立高危产妇中心和胸痛中心，填补了泽库县医疗卫生技术多项空白，并带领医院成功创建二甲医院。

在贵州省安龙县普坪镇鲁沟塘的苗岭高山上，有 14 个稀稀落落的苗族山寨。大山之间，一条条羊肠小道蜿蜒崎岖。

放弃留在城里工作的机会，潘凤义无反顾地来到山野乡间，一心当起了乡村医生。她白手起家，租用民房办起了村卫生室。24年来，身为安龙县鲁沟塘村乡村医生的潘凤走遍这里的村村寨寨、家家户户，用青春年华谱写了一曲动人的奉献之歌。

每天身处"职业暴露"最前线，江西省南昌市第九医院艾滋病治疗中心主任胡敏华，坚守艾滋病护理岗位22年，累计救护艾滋病患者3000多名，陪护抚慰"艾友"及家属2万余人次，关爱拯救了无数个濒临破碎的家庭，荣获第48届南丁格尔奖章。

2022年8月19日是第五个中国医师节。如今，越来越多的人从关注节日到理解这一职业的光荣与付出。因为他们的默默付出，我国居民人均预期寿命已经提高到78.2岁，主要健康指标总体优于中高收入国家平均水平。

惜医者仁心，愿苍生无恙。致敬！

《光明日报》2022年8月19日

2022

最美 医生

丁仁彧

那个与病魔"掰手腕"的人

◎ 王美华

从 2006 年开始，在重症医学科这个与病魔"掰手腕"的前沿阵地上，丁仁彧一守便是 16 年。

从事重症医学工作以来，中国医科大学附属第一医院重症医学科副主任、主任医师丁仁彧参与救治了上万名危重患者，并多次参加突发公共卫生事件伤员救治工作。前不久，他光荣入选 2022 年"最美医生"名单。

"有什么比救人一命更有成就感？"

"重症医学工作很辛苦，做一名重症医学科的医生，必须有牺牲奉献精神。"2006 年，丁仁彧进入重症医学科的第一天，他的导师马晓春就这样告诫他。

重症医学工作有多辛苦？为何要强调牺牲奉献精神？

重症医学科是医院急危重症患者集中抢救的地方，患者随时可

◎ 丁仁彧（右一）在援疆期间为患者做检查

能有生命危险，需要医护人员随时准备投入抢救，工作强度很大；患者来自各个科室，病情不同，发生的危急情况不同，用药种类调整快、用药剂量变化快、仪器设备使用多，对医护人员的技术水平要求很高；重症加强护理病房（ICU）实行封闭式管理，患者没有家属陪护，处于 24 小时监护下，患者病情可能瞬息万变，要求医护人员有极强的责任心。

"作为 ICU 的医生，每天面对的都是生死一线的患者，我们的工作就是从'死神'手里抢时间，核心就是让患者转危为安。"丁仁彧介绍，重症病房实行 24 小时同质化管理，夜班和白班的工作强度是一样的，夜间时常会来一些特别危重的患者。丁仁彧的同事统计过，在 ICU 工作一年要值近 100 个夜班，昼夜交替，工作强度高、压力大，没有牺牲奉献精神很难坚持下来。

"ICU 工作关乎患者生死，不能有任何闪失。"丁仁彧说，在这种高压下，医护人员需要不断增长自己的知识和技能，"我们希望每一名医生、护士达到一种遇到任何事情都能从容处理的状态，这是一名优秀的 ICU 工作者必须具备的素质。"

重症医学人才培养周期很长，好比军队里的特种兵。

"一般来说，10 年工夫才能培养出一个合格的重症医学人才。"丁仁或说，医学领域没有个人英雄主义，而是需要整个团队齐心协力作战。"重症医学的工作特别能体现'木桶效应'，也就是说，团队水平的高低由最弱的环节决定。如果组成木桶的哪一块木板短了，整个团队的发展都会受影响，所以个人不能有短板，重症医学团队也不能有短板。"

"很多年轻人刚来重症医学科工作时，会有迷茫、彷徨的时刻。但坚持几年后，许多人都说，如果再有一次选择的机会，还是会选择重症医学。为什么？因为这份职业给我们带来的满足感是无与伦比的，有什么比救人一命更有成就感呢？"丁仁或说，每当把患者从死亡线上拉回来，听到患者和家属发自内心的感谢，看到患者一家团聚的欣喜，都让他有满满的成就感。

为了挽救更多患者的生命，丁仁或不断钻研学习，提高重症诊疗技术水平，关注重症患者急性期炎症、凝血、免疫和器官功能损伤，重视慢性病患者转归等临床实践。"每一个通过救治活下来的患者，都给了我很大的信心。"经过多年在临床一线的实践，丁仁或早已爱上了这份职业，"医生就是治病救人，治病救人，为重症患者筑牢最后一道防线，我永远在路上。"

"所有队员都有个共同目标，就是一定要让他活！"

从事重症医学工作以来，丁仁彧参与救治了上万名危重患者。从积极应对甲流疫情，到 H7N9 重患的救治；从救治鞍钢爆炸伤员，到抚顺清原洪水救灾，再到本溪爆炸伤员救治……16 年来，丁仁彧多次参加突发公共卫生事件伤病员救治。

2020 年新冠疫情发生后，丁仁彧主动请战，担任辽宁援鄂重症医疗队队长，带领 150 名来自全省重症医学专业的医护人员奔赴武汉，接管武汉大学人民医院东院区的三、四病区 80 张重症床位，集中救治重症和危重症患者。

进驻病区后，医疗队要把普通病房改造成可以收治重症患者的 ICU 病房，同时要尽最大可能收治患者，提高救治成功率，工作量异常繁重。最严峻的时候，医疗队两天收治了 71 名患者。在那段艰难的日子里，丁仁彧和许多同事全天候随叫随到，"就像打仗一样，病房的改造、患者的救治、医疗人员的管理、后勤物资的保障，方方面面都要有条不紊地推进。"丁仁彧说，那段时间医疗队的救治工作不分白天黑夜，他在武汉的第一个星期瘦了 10 斤。

在抗疫一线，丁仁彧综合研判形势后，提出实行患者分级管理的救治方案：识别高危患者，早发现，早治疗，阻止其由重症转变为危重症；集中救治极危重症，尽最大努力挽救他们的生命，降低病死率。

在武汉抗疫的 56 个日夜，丁仁彧带领医疗队率先使用气管插管、有创机械通气、血液净化、体外膜肺氧合（ECMO）等生命支持技术，想尽一切办法把患者救过来。经过努力，上百名重症和危重症患者得到成功救治。其中，最令丁仁彧难忘的是新冠肺炎极危重症患者小飞（化名）。

"小飞当时35岁，他的女儿只有4个月大，他的妻子每次给我们打电话都哭着拜托一定要想办法把她的丈夫救过来。"丁仁彧说，小飞刚到重症隔离病房时，病情比较危重，当时有双肺的"磨玻璃"样阴影，而且病情进展特别快，很快就出现"白肺"，后来又出现气胸。

丁仁彧和队员先后给小飞进行了经口气管插管、有创机械通气，同时进行了俯卧位通气和胸腔闭式引流术，但这些救治措施还是没能让小飞的血氧饱和度提高。"当时有人觉得小飞可能救不过来了，但是我们没有放弃，因为在平时有这种经验，比他更危重的患者我们都救过来了。"后来，丁仁彧团队给小飞上了ECMO，还成立了ECMO救治小组和特护小组。"所有队员都有一个共同的目标和信念，就是一定要让他活！"丁仁彧说。

救治的过程中，小飞经历了感染性休克、多脏器功能衰竭、上消化道大出血、多部位血栓、脑出血等一系列危及生命的并发症。经过丁仁彧和队员们不懈努力，小飞一次次从"鬼门关"被拉了回来。最终，他转危为安，顺利出院。

"像小飞这样的患者救过来之后，我们整个队伍的信心都会大大提升。2022年医师节前夕，我收到了最好的礼物——小飞的爱人带着宝宝给我发来了语音，问候我医师节快乐。"丁仁彧按下了播放键。"哥哥，你好帅，我们一起继续加油吧！等我长大了找你玩哟！"清脆的声音从手机中传来，"当时听到这个语音，我也特别感动。"

结束武汉的抗疫工作后，作为国务院应对新冠疫情联防联控机制医疗救治组专家，丁仁彧先后奔赴内蒙古自治区二连浩特、满洲里、辽宁省葫芦岛、甘肃兰州等地，指导重症患者救治工作，继续为守护生命贡献力量。

"重症患者的生命是'守'出来的"

"当初选择学医，是因为初三时我爷爷由于胃癌去世了，当时我就萌生一种想法，将来要成为一名治病救人的医生，所以高考填志愿的时候就选择了中国医科大学。"提起学医的初心，丁仁彧如是说。

守着"治病救人"的初心，2017年5月，作为辽宁第二批援疆医疗队队员，丁仁彧来到新疆维吾尔自治区塔城市，担任中国医科大学塔城地区医院重症医学科主任、首席专家。从80多岁急性胆囊炎、胆管炎合并左心衰的患者，到重症感染合并多器官功能障碍的产妇，一年的援疆工作，他带领团队救治重症患者近800名。

不仅如此，在了解当地危重症患者的迫切需求后，丁仁彧毫无保留地把床旁心脏超声、杂合式血液净化治疗、经鼻高流量通气等先进的医疗技术，手把手地传授给当地医护人员，为塔城地区医院培养了一支"带不走"的重症医疗队。与此同时，他带领团队逐步制定出符合医院和科室实际情况的ICU诊疗流程，培养并帮扶当地两名ICU医生成为后备人才。塔城地区人民医院重症团队自我学习、自我发展的能力得到很大提高。

"我们经常说一句话叫'援疆无悔'，真真切切地为祖国边疆人民做一点事情，把党和国家的温暖带给当地百姓，我们也收获了一份成就感。"丁仁或说，从医多年来，前辈的言传身教、身边同事的默默奉献，让他逐渐领悟什么叫"以患者为中心"，"我们所有工作的核心就是怎么把患者治好，我们做的科学研究、开展的新技术，都是为了把原本救不活的患者救回来"。

重症病房有些患者基础病较多、年龄较大，无论是吃饭、聊天，还是扶着患者活动，全靠医生护士。丁仁或说："毫不夸张地说，我们对自己的亲人也就是这样，真的是亲人般的呵护，所以有人说重症患者的生命是'守'出来的。"

"这次入选'最美医生'，其实我挺惭愧的。"丁仁或坦言，"就拿我们辽宁援鄂重症医疗队 150 名队员来说，大家只是分工不同、角色不同，我做的并不比他们多多少。在武汉抗疫时，有护士自发为 88 岁的患者做康复、锻炼，而且并不在乎有没有人知道。无论在抗疫一线，还是在平时的日常工作中，这样的无名英雄太多了！"在丁仁或看来，荣誉更多代表一种激励，时刻鞭策自己要做得更好，尽可能挽救更多重症患者，守住生命最后一道防线。

《人民日报海外版》2022 年 9 月 2 日

"红医精神"培养出"最美医生"

◎ 刘昶荣

"哥哥，你好帅，我们一起继续加油吧！等我长大了找你玩哟！"在2022年8月19日下午国家卫生健康委召开的"最美医生"记者见面会上，中国医科大学附属第一医院重症医学科副主任、主任医师丁仁彧播放了这段语音。丁仁彧说，这是他收到的最好的医师节礼物。

2022年8月19日是第五个中国医师节。近日，中宣部和国家卫生健康委联合向全社会发布2022年"最美医生"名单，"80后"医生丁仁彧名列其中。在见面会上，丁仁彧分享了这段语音背后的故事。

2020年2月2日，丁仁彧等150名医务工作者组成辽宁援鄂重症医疗队奔赴武汉。他们在武汉奋战56个日夜，救治129名重症和危重症新冠患者。急危重症患者小飞是让丁仁彧印象最深的。小飞当时35岁，女儿仅4个月大，他的妻子每次给医生打电话都哭着拜托一定要想办法把她的丈夫救过来。

◎ 2020 年 2 月 2 日，丁仁彧高举党旗率领 150 名队员驰援武汉

　　小飞被转到重症隔离病房的时候，病情比较危重且进展特别快，双肺有"磨玻璃"样阴影，很快就出现"白肺"，后来又出现气胸。丁仁彧及其队员先后给小飞进行了经口气管插管、有创机械通气，同时进行了俯卧位通气和胸腔闭式引流术，但这些救治措施还是不能让小飞的血氧饱和度提高。后来，医生给小飞上了体外膜肺氧合（ECMO），同时成立 ECMO 救治小组和特护小组。丁仁彧说："我们所有队员都有一个共同的目标和信念，就是一定要让他活。"

　　在救治的过程中，小飞出现了感染性休克、多脏器功能衰竭、消化道大出血、多部位血栓、脑出血等一系列危及生命的并发症，ECMO 先后用了 26 天。虽然病情凶险，但是经过医务人员的努力，小飞被一次又一次地从死亡线上拉回来，最终转危为安。

　　小飞的救治过程，是丁仁彧所在的重症医疗队在武汉以及后期抗疫工作的缩影，充分体现了医护人员对生命至上的不懈追求。

在中国医师节的前一天，小飞的妻子和 3 岁的女儿给丁仁彧送去了节日祝福，孩童稚嫩而真诚的声音让丁仁彧再次体会到作为医生的成就感。

回忆起学医的原因，丁仁彧说，上初三的时候，爷爷因为胃癌去世了，当时他就有一种想法，将来要成为一名治病救人的医生，所以他高考填志愿的时候就选择了中国医科大学。

中国医科大学是一所由红军创办的学校，其前身为 1931 年创建于江西瑞金的中国工农红军军医学校，1940 年在延安，由毛泽东同志提议正式更名为中国医科大学。丁仁彧说，在学校里感受最多的就是"红医精神"，他在入学第一天就知道，毛泽东在延安为中国医科大学第十四期毕业生题词"救死扶伤，实行革命的人道主义"。

丁仁彧坦言，当初对毛主席的题词理解不是很深刻，伴随着这么多年的从医经历，这句话已经逐渐成为自己的座右铭。他解释说，"红医精神"包含的内涵非常丰富，里面既有政治坚定，是一种理想和信念；同时有救死扶伤，是一种初心和责任；还有技术优良，精益求精，代表一种工作的作风。

"可能在战争年代，这种精神主要是不怕牺牲，冒着枪林弹雨救治伤员，医治穷苦的百姓。但是在新时代，'红医精神'要求我们始终把人民群众的生命安全和身心健康放在首位。我们的老校友、'七一勋章'获得者辛育龄院长和吴天一院士，都是我们学习的榜样，他们用一生践行了什么是'红医精神'。"丁仁彧说。

作为一名 ICU 医生，丁仁彧每天面对的都是处于生死一线的患者。丁仁彧说，救治小飞时没有想太多，就是觉得他特别年轻，要想尽一切办法把他救过来。之所以有这个信念，也离不开日常的工作积累，"因为平时有这种经验，比小飞病重的都救过来了。"他表示，对年轻人来说，"还是要踏踏实实把平时的工作做好，在国家需要的时候，就能把自己的能力展现出来，为国家做一点事情。"

2022 年 4 月，丁仁彧及其团队救治的一位患者离世了，"团队用了两个月的时间，也没有把患者从'死神'那里夺过来。但是特别让我感动的是，患者去世之后，家属还发来短信感谢我。"丁仁彧说，那一刻，自己感到做得还不够，今后要努力工作，想办法把更多这样的患者救活。

《中国青年报》2022 年 8 月 22 日

为一线希望付出百分努力

◎ 王敏娜

重症医学科，也就是人们常说的ICU，当患者被推进去的那一刻，一扇大门便将患者和家属隔开。门外，家属焦急地等候；门内，医护人员与死神赛跑。

一门之隔，便是生与死的距离。党的二十大代表、中国医科大学第一临床学院、附属第一医院重症医学科党支部书记、副主任丁仁或自2006年进入重症医学科，就和同事们坚守这道"生死门"，无数次创造了生命的奇迹。

抗疫第一线、援疆第一梯队……哪里有需要，丁仁或就出现在哪里，只要患者还有一线希望，他就会付出百分努力。

记者见到丁仁或时，他刚参加完一场惊心动魄的抢救，额头满是细密的汗珠。"一名78岁的糖尿病患者因感冒诱发呼吸衰竭，情况危急，出现白肺合并多脏器衰竭，刚为他进行俯卧位治疗。"丁仁或说。

与时间赛跑、与死神搏斗，是丁仁或的工作常态。"进入ICU的

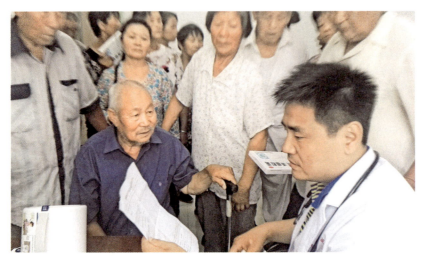

◎ 2017 年，丁仁彧为乌苏沙湾牧民义诊

患者，大多处于危重状态，病情瞬息万变，需要紧急气管插管、床旁血滤，甚至是 ECMO 等治疗。这些情况都是片刻也不能耽搁，需要快一点、再快一点。"

在一场场"生死时速"般的较量中，丁仁彧练就了泰山崩于前而色不变的本领，无论面对多么棘手的情况，他始终能沉着应对。

为了挽救更多生命，丁仁彧不断钻研学习，提高重症诊疗技术水平。遇到极危重患者，丁仁彧会日夜驻守在患者床旁，仔细观察各项临床指标的变化，深入分析病理生理特点。

"救死扶伤、生命至上，这是医者始终不变的初心。"从身披白衣的那一刻起，丁仁彧便将医者的职责与担当写进生命里。

2017 年，是丁仁彧到医院重症医学科的第 11 个年头，当他得知新疆塔城地区人民医院急需重症医学科专家支援时，便立即报了名。他不仅为当地送去了最先进的医疗技术，成功救治近 800 名危重症患者，还帮当地打造出一支规范化、专业化的重症医学团队。

"敢啃硬骨头，勇扛重担子。"这是很多人对丁仁彧的评价。

2020 年，武汉发生新冠疫情后，丁仁彧主动请战，担任辽宁援鄂重症医疗队队长，带领重症医学专业 150 名队员接管武汉大学人民医院东院区 80 张重症床位，集中救治极危重症患者。56 个日夜，丁仁彧带领的辽宁队第一个实施气管插管技术，第一个实施血液净化技术，第一个实施 ECMO 技术。他们对重症患者的救治，为全国多地提供了"辽宁经验"。

从医 16 年来，丁仁彧一直奋战在重症医学科临床一线。"我将继续努力，提高危重症患者的救治成功率，守住生命最后一道防线，为健康中国、健康辽宁贡献力量。"丁仁彧说。

《辽宁日报》2022 年 9 月 26 日

2022
最美 医生

马文义

"曼巴小马"驰骋泽库草原

◎ 王美华

泽库县，隶属青海省黄南藏族自治州，平均海拔在 3700 米左右。在这片离天很近的高地草原，有一位深受牧民喜爱、信任的医生。27 年来，他尽心竭力为群众祛病疗伤、排忧解难，被当地人亲切地称为"曼巴小马"（"曼巴"为藏语，即医生）。他就是泽库县人民医院院长、主任医师马文义。

"我的心早已扎根在这片草原"

1995 年，从黄南藏族自治州卫校毕业的马文义被分配到泽库县。泽库县居民以藏族为主，马文义此前从未接触过藏语，初来乍到，他要过的第一个难关就是语言关。

"刚到草原那会儿，因为语言不通，我给藏族患者看病时总得请别人帮忙翻译。"马文义说，为了掌握患者的第一手信息、提高诊疗准确度，他缠着藏族同事教他藏语，还积极参加县里的藏语培训班。

经过努力，一年后，马文义就基本摆脱翻译，能直接和患者交流了。"说藏语不仅方便与患者和家属沟通，而且能拉近和群众的距离。现在我下乡巡诊时，还能用藏语为藏族群众讲解医疗惠民措施和医疗保健常识。"他说。

泽库县地处偏远，过去医疗卫生条件比较落后，医务人员紧缺，科室划分做不到像大医院那样细致精准，而现实中患者的救治需求复杂多样。"有时会遇到需要紧急救助的患者，比如急诊孕产妇、骨科外伤患者、脑外伤患者等，有的患者情况比较严重，来不及转运到上级医院，这就要求我们必须掌握相关的医疗技术。"马文义说。他本是一名普通外科医生，为了满足群众的现实就医需求，自学了妇科、儿科、骨科等各科核心基础知识，努力做好应急救治准备。通过不断钻研和长期的实践锻炼，马文义逐渐成长为一名精通内、外、妇、儿、骨科等常见病的全科医生。

在基层从医，常常没有严格的上下班时间，一切都要适应群众的看病需求。很多时候，马文义和同事们都是门诊、手术齐上阵，做完手术接着看门诊。多年来，马文义已经习惯了被牧民"围"在办公室，"拦"在下班回家的路上，也习惯了24小时开机……

2013年，64岁的尕洛卓玛因急性化脓性胆囊炎合并胆囊结石入院，情况危急。刚做完当天第3台手术的马文义见状，二话不说又走进手术室。经过约3个小时手术，卓玛转危为安。此时已是半夜，这一天马文义忙得没吃一顿饭。"那天我接连做了4台手术，虽然十分疲惫，但看到患者恢复健康，我觉得万分值得。"他回忆说。

凭借不懈的努力和对事业的热爱，马文义获得在西宁的医学院和三甲医院学习进修的机会。2002年，他从青海医学院（现更名为青海大学医学院）毕业。这时，马文义有了新的选择机会：基层条件艰苦，要不要到医疗技术和生活环境更好的省城工作？他的答案是，继续扎根基层。

工作 27 年来，马文义前后有 4 次调离泽库的机会，甚至有 2 次组织上已经下了调令，但每一次，他都放弃了。"当时县里的医疗人才不多，这里的群众需要我，我也热爱这片草原上的群众，多年来我们建立了深厚的感情。"马文义说，他的心早已扎根在这片草原。

"他太忙了！"马文义的妻子李巧红也是一名医务工作者，丈夫工作忙碌，对家人陪伴相对较少，李巧红非常理解和支持他的工作，这是一份神圣的职业，那里的牧民需要他，他也离不开那些牧民。

"'曼巴小马'像叫家人一样亲切"

在泽库，"曼巴小马"这个称呼几乎家喻户晓。来县医院看病的牧民不少会先打听"曼巴小马"在不在，许多牧民的手机里存着"曼巴小马"的电话号码。

2016 年 4 月的一个周六，马文义在回家途中接到群众打来的求助电话。"电话那头的语气很平和，听起来也不急迫，说家里的姑娘从早晨开始一直不说话，精神很差，在诊所打了针，效果也不好，想让我过去看看。"马文义说，听患者家属的描述，像是一般疾病，但如果不去看看，心里总是不安，于是立刻掉头返回。见到患者后，检查发现患者的血压已经无法测到，综合检查发现，患者的腹腔脏器破裂出血，发生失血性休克，需要紧急采取措施。

"我们一边向家属了解患者的基本情况，一边为患者建立深静脉通道，输血、补液。手术时打开腹腔后，患者满肚子都是血，我们用最快的速度找到出血点，把血止住，把病灶去除。"马文义介绍，患者是由于宫外孕引发的大出血，由于失血性休克情况比较严重，加之患者心跳呼吸状况都不好，手术期间险象环生。经过争分夺秒的抢救，患者的生命体征终于平稳下来。

"这位患者非常年轻，她脱离危险后，她的母亲哭着抓着我的手说感谢。我当时非常感慨，作为一个医生，责任感有多重要？如果当时我一念之差没有赶回去，这位患者可能会失去生命，我一辈子都会感到愧疚。"在马文义看来，因为健康所系、生命相托，医生肩上的责任重大，"不能也不敢有丝毫大意啊"。

从医多年，经马文义治愈的患者不计其数。在他的办公室，墙上挂满了患者送的感谢锦旗，墙角的衣架上挂满了牧民献上的哈达。他说："这不是为了炫耀，而是体现对患者的尊重。看到自己献上的

◎ 马文义在查阅病理资料

哈达和锦旗在这里，牧民们就会觉得'曼巴'已经接受了他们的感激和敬意。"

凭借医者仁心和不断钻研，马文义和同事们完成了很多过去"想都不敢想"的事，如腹腔镜下胆囊切除加胆总管探查术等，填补了当地医疗技术空白，也得到了当地百姓的认可。"不管得了什么病，只要交到你手里，我就很放心。"一位76岁的患者这样对他说，这份信任让马文义铭记于心。

2018年的一天，独自一人在山上的马文义突然遭遇暴雪，在山里迷路。恰巧遇到一户牧民，"他们认出了我，赶紧用炉子生火，端出馍馍，拿出家里最新、最好的衣服给我穿，还用摩托车送我回县城。"这件事马文义至今记忆犹新。

"我特别喜欢牧民管我叫'曼巴小马'，这让我感觉很亲切，感觉像叫家人一样。"马文义说，他给藏族患者做手术时，他们常常会向自己献上哈达表示谢意，"每当这时候，我都满心感动。"

"做一名医生，挺好；做一名牧区医生，更好"

27年来，马文义带领团队攻克多项技术难关，建立高危产妇中心和胸痛中心，填补了泽库县医疗卫生技术多项空白，带领医院成功创建二甲医院……与此同时，在党和国家的大力扶持下，藏区的医疗条件发生了翻天覆地的变化。

如今的泽库县人民医院，无论是硬件水平、医疗技术，还是科室设置、信息化改造等方面都得到了大幅改进，许多以前做不了的检查现在都能做了，医院基础设施建设实现了质的飞跃。

马文义介绍，2013 年前，泽库县人民医院的业务用房面积是 3700 平方米，2018 年搬迁新址后增加到 1 万多平方米，现在医院正在修建急救中心、医用综合楼等建设，面积将扩大至 2 万多平方米。

留住人才、培养人才也是马文义极为重视的方面。"高原牧区人才不好留，我们通过加强人才培养，给他们发展的空间和平台，培养了一支带不走的强有力团队。"马文义说，通过把相关人员送出去、把相关老师请进来，泽库县人民医院形成了长期的人才培养方式。

几年前，泽库县人民医院手术量较少，二级手术一年 100 多台，三、四级手术不多。近年来通过人才队伍培养，2021 年三、四级手术已占到总手术量的 34%，在青南牧区排名第一。与此同时，能独立在腹腔镜下完成的三、四级手术量大幅增加。

医疗水平提高直接惠及当地百姓。"我们县医院现在能做到一般常见病在县域内治疗，给患者减轻额外负担。在县域医共体建设的基础上，把县域内资源下沉到乡村，实现全县域医疗资源共享，实现了医共体全覆盖。"在马文义看来，县人民医院承担了承上启下的重要作用。

以前，很多急症、危重症患者在转运时，由于路途遥远而得不到及时救治。因此，多年来医院在急救、高危孕产妇中心建设等方面做了大量工作。"现在很多危重患者在本地就可得到救治。"马文义清楚地记得，医院曾接诊一名因外伤导致腹腔多发性脏器破裂、失血性休克的患者。患者生命垂危之际，医院以最短时间建立中心通道，成功做了手术。

获评"最美医生"后，马文义感觉既幸运又幸福。"其实，基层一线优秀的医生有很多，我会更加努力，为老百姓好好做点事，不忘救死扶伤的初心。"他说，"每当看到患者康复后脸上灿烂的笑容，我的内心就会升起一种欣慰与自豪。做一名医生，挺好！做一名牧区医生，更好！"

未来，"曼巴小马"马文义将与日益壮大的团队一起，继续守护这片草原儿女的生命健康。

《人民日报海外版》2022 年 8 月 26 日

"曼巴小马"的泽曲恋歌

◎ 公保安加

2022年8月19日中午，我们终于拨通了远在北京的马文义的电话，从偏远的泽曲草原来到首都北京参加如此盛大的表彰会，他言语间难掩激动之情。

此前，中宣部、国家卫生健康委联合发布2022年"最美医生"先进事迹，10名个人和抗击新冠肺炎疫情国家流调专家队入选，黄南藏族自治州泽库县人民医院院长马文义名列其中。

其实，对全省医疗卫生系统，尤其对黄南州来说，马文义的名字并不是第一次出现在人们的视线里，他扎根泽曲草原27年，坚持人民至上、生命至上，积极投身健康中国建设，深刻诠释"敬佑生命、救死扶伤、大医精诚、大爱无疆"的崇高精神早已被人们广为传颂，在他工作和生活了20多年的泽曲草原，牧人们为他立下了一座心碑。

一份执着，开启欣欣向荣的篇章

在表彰会前的记者发布会上，面对记者提问，马文义抚今思昔，细数泽库县医疗卫生发展的点点滴滴。他说，这些年，在政府的关心和政策支持下，随着医改的推进，泽库县医疗卫生条件和医疗水平有了质的飞跃，靠着县医院现有的仪器设备和医疗团队，在二级手术的基础上，三、四级手术更不在话下。

回想20世纪90年代，医学专业毕业的马文义，被分配到泽库县乡镇卫生院，此后，他先后到县藏医院和县人民医院工作。

刚来到县医院的他，被医院当时的医疗条件弄得瞠目结舌——医院只有一口高压锅用来消毒，这是最原始的方法，根本达不到无菌标准。

脑梗死、心肌梗死几乎无药可治，更无设备可查；外科、妇产科、内科等重点科室全部混在一起，儿科几乎只是个"空壳"；产妇难产大出血，没法医治，就得转院，母子两条命，撂在路上，可怜……

身为救死扶伤的大夫，在患者最需要时却束手无策，这一幕幕深深刺痛了马文义温热的胸腔，一股迷惘无端在胸中涌动。

工作之后，马文义凭借自己的努力和对事业的热爱，在省会西宁的医学院和三甲医院学习进修。其间，也多次获得调离的机会，到医疗技术和生活环境更好的省城工作。

他也曾考虑过调离，甚至着手办理工作调动手续，但每一次，最终都放弃了机会。他知道，自己的心早已扎根在了泽曲草原，因为他习惯了那里的一切，包括平均3700米的海拔、零下2.4摄氏度

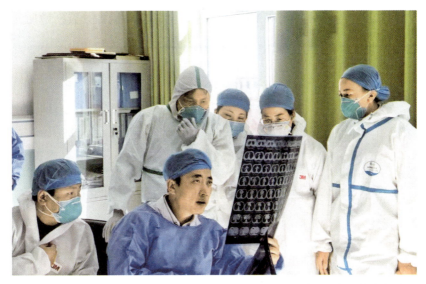

◎ 马文义（左二）在为患者诊断

的年均气温和漫漫长冬，习惯了被牧民"围"在办公室，"拦"在下班回家的路上，习惯了 24 小时开机，每时每刻准备着接听牧民打来的电话……

既然决心留下，就脚踏实地干出一番事业。在医院硬件设施慢慢趋于完善的同时，马文义和他的同事也不断完成许多过去不敢想的诊疗，甚至屡次填补县医院的"空白"，比如，开展腹腔镜下肝左叶切除术、腹腔镜下胆囊切除加胆总管探查术、开颅硬膜外血肿清除术。

"我们绝不允许把可以治愈的病人推到别处。从人才队伍的培养，到软件硬件的完善，我们所有努力，都是在为未来建立一种信心，全体医务人员对自己行业的信心，对自身职业的认同、尊重和自豪感。"谈起医院医疗水平的发展，马文义感触颇深。

今天，泽库县人民医院基础设施建设有了质的飞跃。几年前，老医院的业务用房面积是 3700 平方米，搬迁新址后的今天已增加到 10580 平方米，随着急救中心、康复中心的建设，面积将扩大至 2 万多平方米。

一路感动，扛起大医精诚的担当

马文义是一名回民，但是多年的牧区生活让他学会了说一口流利的藏语，这在无形中使得他和牧民的心走得更贴近。在泽曲草原，这个被牧民们称作"曼巴小马"（"曼巴"意为医生）的回族医生几乎家喻户晓——不论是上班，还是在家，患者一叫就出诊，患者一到就看病。来县医院看病的牧民，多半都会先打听打听"曼巴小马"在不在，甚至许多牧民的手机里，都存着"曼巴小马"的电话号码。

在泽曲草原，马文义常因牧民的善良和淳朴而感动。同样，泽曲的牧民们也在"曼巴小马"的医者仁心里感受着由心底流出的温暖。

走进马文义的办公室，立在墙角的衣架上，挂满了牧民献上的哈达，像一座小山包一样。整面墙被镶了边框的感谢信和锦旗覆盖。他说："这不是荣耀，更不是为了炫耀，而是一种尊重。只有看到自己献上的哈达和感谢信还在这里，牧民们就会觉得曼巴已经接受了他们的感激和敬意，我们之间相互的感情才不会疏远。"

独自工作和生活在泽曲草原，读书、听音乐、散步、爬山，成为马文义工作之余的消遣。他喜欢独自一人，绕着泽库县环城路，走上一圈又一圈，来缓解一天中所有的紧张和压力。

有一次，马文义独自一人遭遇暴雪，在山里迷路。恰巧遇到一户牧民，"他们赶紧用炉子生火，端出馍馍，拿自己的衣服给我穿，还用摩托车送我回县城。"至今，马文义对此记忆犹新。

诸如此类的许多故事，在马文义心中凝结成了一种难以割舍的情感，他将这份情感化作仁心仁术，唯此，才有了面对患者时的大爱和担当。

34岁的杨乐吉是泽库县泽曲镇两个孩子的母亲，生活拮据，肝包虫病足足拖了20年，后来病情恶化，不得已赶往省级三甲医院就诊，却被告知需要4万元手术费，无奈，只得经过简单的治疗后回到泽库县人民医院。了解到情况后，马文义通过政策，减免了她的医疗费用，并带头捐款，凑齐了手术费。"是'曼巴小马'救了我，他为我做的手术，我的病花了不到两千块钱就治好了，我们全家感谢他。"回忆往事，杨乐吉眼神中流露出感激的光亮。

有一年春节，马文义原计划大年三十晚上回西宁，到初四上午返回泽库。这短短的三天四夜，因为两度出急诊，他竟然往返西宁—泽库6趟。谈起这件事，马文义说，"很难得和家人小聚，我也不忍心让他们失望，但是作为医生，我又不能不回去。"

一腔热血，谱写敬佑生命的赞歌

马文义是一个非常忙碌的人。

回想起来，听到马文义这个名字，大概是在6年前的暮秋。那时草原已由绿变黄，风头也变得犀利了许多，我们通过泽库县委宣传部，和马文义约定了时间，不料，却因为一台接着一台的急诊手术，不得不暂时搁置，心有不甘地"打道回府"。

正式面见马文义，是在次年4月初，那时的泽曲草原依然是一片金黄，只有低头端详，才能从枯黄的草丛里发现一两片充满生机的绿叶。那次，泽库县人民医院副院长喇海林带着我们走向医院四楼东头的院长办公室，却被满满当当挤在办公室候诊的人群隔在外面。不得已，我们随手拉来一把椅子，站在上面，越过人群拍下了几张照片，以此作罢。

接下来的几天，我们的采访多半被安排在夜里。即便如此，也时不时被突然造访的患者和牧民拨来的电话打断，在采访进行到"紧要关头"时，马文义总是急忙告别，匆匆赶往医院，留下执着的我们和无奈的喇海林。

断断续续的交谈进行到第11天，我们终于如愿以偿地完成了那次采访，其间，马文义开展了一次对特殊患者的回访诊疗，邀请我们同行。

那天的目的地是多禾茂乡一条偏僻悠长的山沟。我们跟着马文义，沿着冰雪消融后的泥泞小路，走进措多贫寒的家中，老人凄苦地躺在西屋的床垫上，当她翻过身来，臀部和双腿内侧溃烂后尚未愈合的3个大洞令人心悸，马文义仔细查看着里面泛红的鲜肉是否在生长，并叮嘱措多的丈夫按时来医院取药。

措多已瘫痪10年，由于长期卧床，臀部皮肤严重溃烂，住进县医院时，已是病入膏肓，家里人甚至做好了最坏的打算。

好在经过近3个月的悉心救治，措多的病情一步步趋于好转，直至可以在家里进行恢复性治疗。

措多住院期间，马文义亲自制定了诊疗方案，在全力诊治患者的同时，在政策范围内减免医药费用，并发动全院职工捐款，资助这个因病致贫的家庭。

临别时，马文义从衣兜里掏出一沓钱，塞进措多手中，用藏语反复叮嘱后才走出房门。从头到尾，措多的丈夫除殷勤地往客人的碗里添奶茶外，始终默不作声，他只是远远地跟在大伙儿身后，一直从半山腰送到大路旁，当车辆驶出很远时，他依然站在那里……

《青海日报》2022 年 8 月 2 日

从"回族曼巴小马"
到中国"最美医生"

◎ 何　君　泽　轩　张添福

从"回族曼巴小马"到中央宣传部、国家卫生健康委联合发布的 2022 年"最美医生"——这见证了青海省黄南藏族自治州泽库县人民医院院长马文义，在平凡岁月里的不凡守护。

泽库县，隶属青海省黄南藏族自治州，位于海拔 3700 米以上青海条件最为艰苦的"青南地区"，自然条件严酷，藏语称为"夏德日"，意为"高寒偏远连鸟都难飞翔的地方"。

"回族曼巴小马"（曼巴，藏语，意为医生）马文义，在平均海拔 3700 米左右的高原上，凭借自身精湛的医疗技术和敬业精神坚守 27 年，救治了一个又一个病患，是泽曲草原牧民尊敬爱戴的"最美医生"。

只要大家需要我，我就在这里扎根

1995 年，马文义从青海省黄南州卫校毕业后被分配到条件更加艰苦的泽库县，经受了重重考验，克服了种种困难，在发展滞后、医疗条件简陋的泽库基层一线上一干就是 27 年。

为了拉近跟当地民众的心理距离，掌握病患第一手信息，提高诊疗准确度，他自学了藏语。

杨乐吉是泽库县泽曲镇两个孩子的妈妈，由于生活困难，患肝包虫病有 20 年了，2012 年年初病情恶化，杨乐吉赶往省级三甲医院就诊，被告知手术费需要 4 万元。

由于无力承受，经过简单的治疗后，当年 11 月底，杨乐吉又回到泽库县人民医院，"是马院长救了我，他为我做的手术，并减免了医疗费用，这病花了不到两千块就治好了，我们全家感谢他。"杨乐吉逢人就说道。

2013 年 2 月 22 日，王家乡红旗村 64 岁的尕洛卓玛因急性化脓性胆囊炎合并胆囊结石，送到医院时情况危急，刚做完当天第 3 台

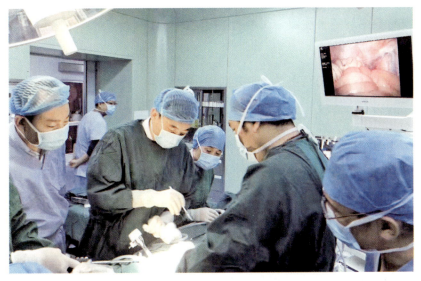

◎ 马文义（左三着绿色手术服者）和同事在为患者做手术

手术的马文义见状，二话不说又走进了手术室，在经过约 3 个小时手术后，尕洛卓玛转危为安。

从医这么多年，像这样治病救人的鲜活事例数不胜数。在他办公室墙上挂满了藏汉双语的锦旗，上面满满地表达着患者们对这位大夫的敬重与爱戴。而他常说："无论什么民族，不管贫富贵贱，在医生眼里就是一个患者，我们要用心去解除他们的病痛，这是起码的道德和职责。"

"曼巴小马"是泽库人民颁发的荣誉

"曼巴"是藏语，意为医生。

在泽库许多牧民的手机里，都存着他的电话号码，牧民们习惯称呼这个说着一口流利藏语的回族医生为"回族曼巴小马"。

作为医生，他更喜欢"曼巴小马"这个称谓。这是一个超越了民族界限的亲切称谓，这是一个医生的终身荣誉，是泽库全县人民颁发的。

温文尔雅的马文义，虽是回族，却操着一口流利的藏语，直接和藏族病患沟通，毫无障碍。"不管是汉族、回族还是藏族医生，不用第三方翻译，直接和病患沟通，是一项基本功。"马文义解释道，"语言上交流不了，其他事情，都无法去做。"

"有时候，病患很疼，家属也很着急，如果这时医生口气很大、动作慢腾腾，很长时间都检查不了、疼也止不了，病患就更难受。"他说，医疗卫生事业是一项技术性很强的工作，只凭一颗仁慈而善良的心是不能实行救死扶伤的，同时拥有精湛的医术才是患者的真正福音。

在地处偏远的泽库县，医疗卫生条件较为落后，虽然马文义是普外科大夫，但当地的实际情况让他不得不成长为"全能选手"，从普外到妇科、从儿科到保健，凭借医者仁心和对业务不断钻研，马文义成为泽库县人民医院的"主心骨"，他和同事们也不断完成很多过去不敢想，甚至不断填补"空白"的事情，如开展腹腔镜下肝左叶切除术、腹腔镜下胆囊切除加胆总管探查术、开颅硬膜外血肿清除术等。

一位年近耄耋的老人在医院迎面看见马文义，顺手摘下自己高高的礼帽，以朴实的目光与真诚的微笑向他颔首示意。要知道，在当地，脱帽行礼是对长者或德高望重者的最高礼遇了。

"我的这个病，交到你手里，就算最后人没了，我都心甘情愿。"一位76岁病患的"叮嘱"，永远让马文义记忆犹新。一次，马文义去爬山，遭遇雪天，在山里迷路。恰巧遇到一户牧民，"他们赶紧用炉子生火，端出馍馍，拿自己的衣服给我穿，还用摩托车送我回县城。"

有些牧民去县城医院看病时，牧民往往很早起床，而且给马文义带着牛奶。"他们把新鲜牛奶，从那么远的地方送过来，这是一份温暖和感情。"说到这些的时候，能感受到马文义内心的柔软一定无数次被这种感激所触碰过。

技不在高而在德，术不在巧而在仁

马文义曾说："技不在高而在德，术不在巧而在仁。作为一名医生，首先立足于医德，医德就是医者仁心，在医生的角度来说，无论什么民族，不管贫富贵贱，在医生眼里就是一个患者，我们首先要解除他的病痛，这是最主要的，这也是我们的职责和夙愿。"

多年的临床诊疗，让马文义积累了大量的临床工作经验。在工作过程中他将自己的工作经验毫无保留地传授给年轻的医务工作者。

近两年来，在他的带领下，县医院无论在医疗技术、硬件水平还是在服务态度上都发生了极大的变化。如今，泽库县人民医院基础设施建设实现飞跃。几年前，泽库县人民医院的业务用房面积是 3700 平方米，现在，搬迁新址后增加到 10580 平方米，而随着急救中心、康复中心建设，面积将扩大至 2 万多平方米。

"现在，很多危重患者，本地就可解决。同时，再也没有做完手术，交不起医疗费的患者。"马文义感慨这些年的变化。

中国新闻网 2022 年 8 月 21 日

2022

最美 医生

许润三

师古不泥古　创新不停步

◎ 王君平

在中日友好医院国际部诊室，一位老人拄着手杖每周五上午在这里出诊。他就是年过九旬的许润三，眼不花、耳不背、思路清晰，一周 7 天只休息两个半天，其他时间都在为患者看病。"看病就是我最大的长寿秘诀。身为一个医生，治病救人是最应该做的。只要社会还需要我，病人还需要我，我就不能离开临床。"许润三说。

"一辈子研究透一个病就行"

时隔多年，许润三还清晰地记得他的第一例输卵管不通患者。家住北京市和平西桥的高某某，结婚多年，一直怀不上孩子。经许润三治疗，她终于圆了当妈妈的梦。她抱着孩子拜望许润三的照片，还刊登在当年的报纸上，引起不小轰动。

刚到北京中医学院（现北京中医药大学）时，学院师资力量不足，临床、教学任务繁重，许润三一个人承担编教材、教学和临床带教等工作。1961 年，他调到东直门医院成为妇科教研室主任，将研究领域由内科转向了妇科，一干就是 60 多年。

◎ 许润三（右一）为患者看诊

1984 年，许润三调入中日友好医院，担任妇科主任。中医治疗输卵管不通，并非易事。当时中医没有输卵管阻塞的病名，也没有对应输卵管不通治疗的具体疗法，这让许润三伤透了脑筋。

"我最引以为豪的，就是运用中医成功治疗输卵管阻塞性不孕症。"许润三说。参照西医影像学对输卵管阻塞的诊断，许润三发现这与中医学体系中的"血瘀证"极为相似。他运用中医理论系统地论述了输卵管阻塞的病因、病机，并确定了中医病名、诊断要点和特色疗法，形成了一整套行之有效的中医诊疗方案。如今，这一诊疗方案已得到推广和应用。

近几年，现代辅助生殖技术越来越成熟，许润三在治疗不孕症的实践中遇上了一些新情况。在辅助生殖技术中遇到各种新问题的患者增多，增加了治疗难度。年过九旬的许润三仍然在临床一线孜孜以求。他说："看病要专注，一辈子研究透一个病就行。"

"我要对她们的生命负责"

为了解决妇女生育难题，许润三作出了长期努力。1987年，他的研究成果荣获国家中医药管理局科技进步二等奖，这背后是无数输卵管阻塞性不孕症患者康复后灿烂的笑脸。

治病如打仗，用药如用兵。许润三用药果断，基础是判断准确。他依照病情用药，敢于决断，只想着为患者治病，而不考虑个人得失。许润三说："患者找到我，是对我最高的信任，我要对她们的生命负责。"

许润三的医者担当，与他当年被中医救命的经历有关。许润三18岁时染上了疥疮，全身水肿，有一次昏迷了两天两夜。走投无路之际，父母请来了当地名医崔省三为昏迷中的许润三医治。一服中药灌下，许润三在10多个小时之后慢慢转醒。通过中药调理，许润三再没犯过病。正是这一次救命的经历，让许润三与中医、与启蒙老师崔省三结下了不解之缘。

治疗不孕症，面对的不只是不孕的妇女，还有渴望新生命的整个家庭。许润三将岐黄春暖送达千家万户，正是这份仁心仁德，让他赢得了患者和晚辈医生的尊重，他们会发自内心地称呼许润三为"许爷爷"。

"学好中医不容易"

许润三历来以中医为重，但并不排斥西医，常常会借鉴西医的方法和一些思想指导中医临床。在许润三看来，中医辨证和西医辨病都有其不足之处，应把两者有机地结合起来。根据不同情况，他总结出"无证从病、无病从证、舍病从证"等辨识和治疗疾病的方法。对于临床无明显症状疾病的治疗，以辨西医的"病"为主，根据其发生的病因及病理变化，归属于中医相应病证，给予相对应的中药治疗。

"老师的认知非常'时髦'，对于前沿的科技成果十分关注，在输卵管不通治疗取得成功的基础上，还想着如何把现代先进技术融入临床之中，脑海中始终在思考着临床创新。"中日友好医院中医妇科主任医师王清说。许润三注重培养学生"师古不泥古"的精神，要求学生们要"勤学善悟"，既要关注中西医的现代研究，又要精勤于自身的临床实践，融会贯通，逐渐形成自己的独特诊疗体系。

许润三的学医之路，起步于学徒与攻读中医经典。1949 年，许润三拜崔省三为师。每天来向崔省三寻医问诊的病人不计其数，老师没有时间给自己详细讲解，这让刚刚开始学习医术的许润三十分犯难。崔省三意味深长地说："你身边有很多书籍可以学习。"这句话让许润三恍然大悟，他将精力放在了老师收藏的中医经典古籍上，每天晚上都借着微弱的烛光背诵中医经典。

回望学医从医路，许润三总结，经典阅读后需要去临床实践，临床不足再回头读书，之后再回到临床验证，这种循环渐进、学用反复的方法才是最切实有效的。许润三感叹："学好中医不容易！"

《人民日报》2022 年 1 月 12 日

许润三："三心"炼就
"最美医生"

◎ 徐　婧

"看好一例不孕症，就等于保全一个小家庭。"当看到曾患不孕症的女性诞下婴儿，他欣喜的笑容最美。

"患者找到我，是对我最高的信任，我要对他们的生命负责。"在危急时刻挽救患者性命，他一袭白衣的身影最美。

"中医妇科在治疗上优势最大，一辈子研究透一个病就行。"在自己热爱的中医事业躬耕，他坚定的眼神最美。

"诗书典籍以润屋，救人治病以润德，饱学大度以润身。"少年时代，他因中医捡回一条命，于是将自己的名字"许富之"改为"许润三"，从此坚定走上中医道路。

2022 年，他荣获"最美医生"称号。已届 96 岁高龄的他说："只要社会还需要我，病人还需要我，我就不能离开临床。"

潜心："锄杏斋"里精研中医医术
"诗书典籍以润屋"

1949年，跟随名医崔省三学习的许润三出师之后，成立了自己的诊所，命名"锄杏斋"，"杏"字表示杏林，代指中医，寓意这里是"耕耘中医的小屋子"。

从这间小屋子起步，他开始潜心钻研中医医术。在这里，他救治了不少危急重症的患者，也渐渐声名鹊起。

行医之初，许润三并不自信。他总觉得自己学得太少了，而临床遇到的情况又非常复杂。因此，每日诊病时必拿着老师的脉案，看证拿脉后索案下药。每晚要悉心思索白天的脉案是否合理，翻阅医学文献以印证自己的看法。

许润三回忆，在坐诊初期，一位患者前来求诊，当时患者已经昏迷不醒、牙关紧闭，患者家属已经几近放弃，开始着手为其打棺材了。许润三试着以清营汤配合安宫牛黄丸予以治疗，一服药下去，患者症状缓解了，棺材也不用打了。

自此，他渐渐找到了自信。

除对中医古籍温故知新外，他喜欢读近代名医的医案、心悟等。他常常在临床中尝试老先生们的经验。比如，看到章次公治疗出血善用瞿麦、益母草，他也把这两味药用于功能性子宫出血的患者；看到魏龙骧用生白术治疗便秘，他也常将其用于妇科诸疾伴便秘的患者；看到张山雷以贯众清热治疗带下病，许润三治带下的方药中亦常加此药。

他以求知若渴的心情向名医大家学习，遇到问题会记录在随身携带的小本子上，待有机会再向老师们请教。

"如果说，我比别人少走了一些弯路，那是因为我不排斥别人的有效经验，站在了巨人的肩膀上。"许润三说。

即使这样学习，许润三仍然觉得不解渴，同年他进入盐城地区中医进修班学习现代医学技术。眼见患者慢慢多了起来，很多人对他脱产学习的做法并不理解。"我就是想多学点知识，更好地用中医手段看病。"许润三的回答掷地有声。

1953 年，许润三响应政府号召，与当地 4 位西医联合开设了阜宁县新沟区联合诊所。与西医共事的过程中，他对西医不同的治疗思路、不同的治疗体系产生了兴趣。于是，他抓住当时当地组织开展的"中学西"机会，进入了盐城地区中医进修班，开始学习西医知识。

1956 年，在党中央的坚决领导下，中医办学被提上日程，这是新中国历史上首次兴办中医高等院校。但此时，教师、教材、校址、设备，无一不成问题。为了解决教材问题，江苏省特意举办了一个师资班，于全国招募，目的是选拔中医人才。之后，由中医名家教授临床各科，继而再由此师资班的学生担负起编写中医教材的任务。其中，就有许润三。次年，对中医有独到见解的许润三，便被分配至北京中医学院诊断教研组开始任教。

这些经历，为他日后衷中参西攻克妇科难题打下了基础。

仁心：衷中参西攻克妇科难题
"救人治病以润德"

"社会上总有些拿中医和西医对比的观点，我重视中医，但不排斥西医，两者各有所长，可以取长补短。"许润三的这句话，是他走上衷中参西创新道路的心声。

1984年，中日友好医院建成。当时的办院方针是中西医结合，西医有什么科，中医就要有什么科。全院1000张床位，400张床隶属中医科。

事实上，从20世纪70年代开始，许润三就将研究重点放在了西医疗效较差的疾病上，如输卵管阻塞、闭经、子宫内膜异位症等。因此，他在中日友好医院创建了中医妇科。

◎ 许润三（右一）与同事们沟通病理诊断

研究方向的选择，缘于他对妇女病患的同情。

许润三回忆："那时很多不孕症的妇女深陷痛苦，因为不生孩子，公婆就叫儿子拉着媳妇去离婚。所以我给她们看好了不孕症，就等于保全了他们一个家庭。"

许润三对中西医的独特理解无疑是超前的，带着鲜明的个人认知。他看到了西方医学为中医发展带来的巨大可能性，也因此开始将研究方向锁定在输卵管不通导致的不孕不育上。

对当时的中国来说，输卵管堵塞是一个疑难病。而采用试管婴儿的技术刚刚起步，且费用昂贵，动辄几万元。而许润三要做的，就是填补国内的空白。

在历代中医文献中，许润三和他的团队并没有找到输卵管阻塞的相关论述，但根据现代医学对其病理表现及临床体征的诊断，许润三认为此病症属于中医"血瘀证"范畴，他想到了张仲景的经典名方——四逆散。

许润三继承了老师善用经方的用药特色，以中医传统辨证和输卵管局部辨病相结合的治疗思路，在四逆散的基础上加入化瘀通络之品口服，同时配合中药灌肠、中药热敷、中药离子导入及艾灸穴位等中药的外治法治疗输卵管阻塞，获得了很好的临床疗效。

多年来，经许润三治愈的不孕患者数以千计。1999年，许润三在美国进行学术交流期间，曾遇到一位36岁的中国台湾地区妇女，她患输卵管不通多年，曾花费9万多美元做过8次试管婴儿，均不成功，抱着试一试的态度找到许润三。经服36服汤药后，她竟奇迹般地怀孕了。

60余年来，许润三还潜心研究其他妇科疑难疾病，在临证中取得了很好的疗效。他内、妇、儿、外科兼擅，尤对中医内科、妇科病有丰富经验，医界恒以"内妇临床家"相许。

慈心：身正为范育杏林后学
"饱学大度以润身"

开的处方价格廉、药味少、疗效好，从不拒绝偏远地区来的患者加号要求……如今，许润三仍坚守在临床一线。他常教导年轻医生："医乃仁术，做医生不能冷冰冰。"

在许润三身上，学生们看到了一位满怀慈心，又与时俱进的中医形象。

许润三的学生、中日友好医院主任医师辛茜庭说，他对待患者不论地位高低，不论贫富贵贱，都一视同仁。对于经济条件不好的患者，他更为热情，悉心诊治，深得患者称颂。

"面对跟自己'较劲'的病人或家属，许老师总是耐心开导。"他的学生赵红说。

"老师的认知非常'时髦'，对于前沿的科技成果十分关注，在输卵管不通治疗取得成功的基础上，还想着如何把现代先进技术融入临床之中，脑海中始终在思考着临床创新。"中日友好医院中医妇科主任医师王清说，老师培养学生"师古不泥古"的精神，要求学生们要"勤学善悟"，既要关注中西医的现代研究，又要精勤于自身的临床实践，融会贯通，逐渐形成自己的独特诊疗体系。

从医 70 余年，他培养了 200 余名中医妇科领域的临床专家、科研骨干及教学英才。在许润三的带领下，中日友好医院中医妇科为众多患者提供有温度的中医医疗、有疗效的中医方案。

"菩提一叶，慈润三千"是很多患者对许润三的评价。

时隔多年，许润三还清晰地记得他治疗的第一例输卵管不通患者。家住北京市和平西桥的这位患者，结婚多年，一直怀不上孩子。经许润三治疗，她终于圆了当妈妈的梦。

她抱着孩子拜望许润三的照片，刊登在当年的报纸上，引起不小轰动。

这张照片，也躺在许润三珍贵的相册里，印证着他说的那句"患者的肯定是对从医者的莫大鼓舞"。

《中国中医药报》2022 年 8 月 22 日

岐黄春暖

◎ 柴 嵘

中日友好医院国际部诊室里，一位精神矍铄的白发老人每周五都会在这里出诊，许多妇科患者慕名前来。他思路敏捷，望闻问切，写下一帖帖良方。这位90多岁高龄仍坚持出诊的医生是著名中医妇科专家、国医大师、中日友好医院中医妇科原主任许润三。"身为一名医生，为患者服务70多年，我感到特别幸福。"已过鲐背之年的许润三由衷地说。

许润三1926年出生于江苏省阜宁县，从小钟情中华传统文化，幼时他上过私塾，对"四书五经"等古代典籍爱不释手。18岁那年，许润三得了疥疮，由于治疗不及时，又突发了全身水肿，昏迷整整两天两夜，家人用尽各种办法，均不奏效。最后，家人请来当地名医崔省三为他治病。一帖中药服下，许润三竟渐渐苏醒，几天后便好转过来。"从那时起，我就对中医着迷，下定决心拜师崔省三学习中医，和中医结下毕生缘分。"许润三说。

跟随师父接诊患者，记录脉案，自学大量中医古书、古方，4

年时光的磨砺，年仅 23 岁的许润三正式出师，在阜宁县开了一家自己的诊所，起名"锄杏斋"。许润三用这个名字勉励自己，此生要勤勤恳恳在"杏林"劳作耕耘。许润三笑着说："那时候年纪轻轻，人家不相信我的医术。有一次，一例中风病人找我看病，大家都觉得病情严重，无药可医了，结果却被我治好了。于是，我开始在当地小有名气。"

◎ 许润三（右二）和同事们一同学习医学知识

　　1956 年，许润三考取了南京中医学院医科师资班，系统学习中西医知识，毕业后被分配到北京中医学院任教，后来供职于北京中医药大学附属东直门医院，成为一名职业中医医生。刚开始在东直门医院工作，许润三是全科医生，内、外、妇、儿各科全包揽。1961 年，医院因为妇科缺人手，许润三被调到妇科"救急"，没承想，这一干就是一辈子。

"不少身患不孕症的妇女深陷痛苦。"回忆过去，许润三激动地说，"治好一例不孕症患者，就是造福一个家庭，如何让他们平安地产下一个孩子，成为我最大的愿望。"许润三翻遍中医典籍，融汇西方现代医学，决定将研究方向聚焦于中医治疗优势明显、西医难治的疑难病——输卵管阻塞上。

"师古不泥古"是许润三从医的信条。他从东汉末年医学家张仲景治疗"血瘀证"的经典名方——"四逆散"中汲取灵感，以中医传统辨证和输卵管局部辨病相结合，在"四逆散"的基础上，创造性地加入化瘀通络的中药，并配合中药灌肠、热敷、离子导入及艾灸穴位等中医外治法，形成了治疗输卵管阻塞的独家良方，治疗效果十分显著。

无论门诊忙到多晚，许润三都坚持看完最后一位患者。"因为经常有偏远地区、经济困难的患者来问诊，为了让她们能够当天往返，节约住宿费，我常常从早到晚一直接诊。"许润三表示，"医乃仁术，做医生的一定要多从患者角度考虑问题，体谅患者的不易。"

1984年6月，许润三调入中日友好医院工作，投身中医妇科临床和科研。早在20世纪90年代，许润三就被人事部、卫生部和国家中医药管理局列为三批师带徒老中医，他始终毫无保留地把自己的经验传授给后辈医生。许润三要求学生们必须"勤学善悟"，既要对传统中医的知识烂熟于胸，又要勇于大胆创新；既要关注中西医结合的现代医学研究，又要精勤于中医的临床实践，从而形成自己的中西医结合诊疗体系。

从医70余载，许润三誉满杏林。他治愈的不孕症患者不计其数，遍及国内外，共培养了200多名中医妇科领域的临床专家、科研骨干及教学英才，曾主编或参编《中医妇产科学》《中医证候鉴别诊断学》等学术专著 20 余部。由许润三最先提出的不孕症应采用辨证与辨病有机结合的治疗方案，已经形成一整套中医诊疗规范，填补了中医在治疗输卵管阻塞方面理论及临床诊治的空白。2022 年 8 月，在第五个中国医师节来临之际，中宣部、国家卫生健康委联合发布 2022 年"最美医生"先进事迹，许润三光荣入选。

许润三如今每天仍坚持出诊，将岐黄春暖送达千家万户，患者都亲切地叫他"许爷爷"。2022 年 7 月，国家中西医结合医学中心落户中日友好医院，许润三兴奋地表示："只要社会需要我，病人需要我，我就不能离开临床，我还要为更多患者服务，为中西医结合做更多工作，为社会奉献自己的价值。"

《北京日报》2022 年 9 月 14 日

2022

最美 医生

孙 宁

"最美医生"孙宁：
新疆的孩子需要，我就来了

◎ 刘昶荣

7岁的库图鲁克一直带着造瘘生活，因为1岁时的一场车祸，导致他位于盆腔内部的后尿道断裂，只能从肚子上外接管道和尿袋排尿。

库图鲁克的家在新疆维吾尔自治区和田市，去乌鲁木齐看病得坐1小时40分钟的飞机，近1500公里。然而整个新疆的儿科医疗资源都相对匮乏，即使在乌鲁木齐也无法解决外伤性后尿道闭锁尿道吻合修复术这一世界级难题。

值得庆幸的是，受惠于国家区域医疗中心建设，2021年4月，我国小儿泌尿外科"一把刀"孙宁为库图鲁克做了手术，困扰孩子多年的问题终于得到解决。

近日，中宣部和国家卫生健康委联合公布了2022年"最美医生"名单，国家儿童医学中心首都医科大学附属北京儿童医院外科教研室名誉主任、泌尿外科主任医师孙宁名列其中。翻开孙宁的履

◎ 2021 年 4 月，孙宁（右三）带领北京儿童医院新疆医院医护团队在泌尿外科进行教学查房

历，除了拥有国内顶尖外科医生的成长轨迹和各种头衔、荣誉，64岁时远赴新疆任一院之长的经历更引人注意。

64 岁，对于业内顶尖外科医生来说，在供职的医院接诊全国其他地方救治不了的疑难杂症患儿，也是对社会莫大的贡献。然而，孙宁在花甲之年，跳出"舒适区"，远赴新疆筹建北京儿童医院新疆医院，书写了医者的另一种美。

"新疆的孩子需要我，我就来了"是孙宁常说的一句话。新疆的孩子到底有多需要他，孙宁也是到了新疆之后才意识到的。

门诊大厅从门可罗雀到熙来攘往，
患儿数量大幅增加

孙宁到了新疆后，才对新疆的总面积占我国陆地面积的 1/6 有了切身体会。孙宁说，从乌鲁木齐派到其他地州接危重患儿的救护车，有的得需要两个司机，人歇车不歇，要跑两天两夜才能把患儿接回医院。

然而，有些病在乌鲁木齐也看不了。从乌鲁木齐到北京又有2700多公里，坐火车得30多个小时。

为缓解新疆孩子看病难的问题，2020年12月19日，国家区域医疗中心建设项目、北京儿童医院新疆医院（以下简称"新疆儿童医院"）在乌鲁木齐正式揭牌。孙宁担任新疆儿童医院的党委副书记、执行院长。

2019年以来，国家发改委会同有关部门，扎实推进国家区域医疗中心建设。国家区域医疗中心建设是党中央、国务院作出的一项重大决策部署，是对我国医疗卫生服务体系建设经验的深入总结和提炼创新，是减少患者跨省就医、解决看病难问题的一项重要举措，具有重大意义和深远影响。

2021年2月，孙宁带着北京儿童医院医务处、财务处、信息中心等部门同事组成的管理团队抵达新疆。北京儿童医院医务处处长、副主任医师陈晖随队抵疆，并担任新疆儿童医院副院长。

新疆儿童医院是在当地一家综合医院基础上改建的，陈晖还记得第一次到这家医院时的场景：整个门诊大厅几乎没什么人，来看病的孩子很少，单日门诊量只有200人次。在北京儿童医院工作了近30年的陈晖从来没有见过这样的门诊大厅。她坦言，自己当时心里确实有些慌。

原来的综合医院只有儿内科、儿外科和新生儿科，剩下的科室都是接诊成人的。改建医院的第一步是先把儿科相关科室的基本框架搭建起来。

筹建科室过程中，北京儿童医院是新疆儿童医院的大后方，很多科室都是从北京调派专家统筹，再整合当地资源共同组建。新疆和北京有两个小时的"时差"，当地医院上午10点上班、晚上7点半下班，但是北京的上班时间是上午8点。由于工作繁忙，北京的很多专家早晨六七点就开始工作。为了顺利推进工作，在新疆的孙宁早晨也是从六七点就开始工作。

新疆儿童医院刚开始运行时，当地老百姓对这家医院还缺乏了解，因此来诊患儿也不是很多。其间，北京专家的个人影响力首先发挥了作用。

家住新疆库尔勒的李斯阳的女儿尿道先天畸形，在乌鲁木齐做过多次手术，孩子尿失禁的问题还是没有得到解决。已上三年级的女儿还一直穿着"尿不湿"。

2021年夏天，李斯阳多方打听后决定带孩子去北京找孙宁看病，没想到上网一查，孙宁来新疆了。在北京可能要等一两年的手术，李斯阳带着女儿在乌鲁木齐没几天就做上了。

孙宁说，李斯阳女儿的手术是一台难度很高的手术。手术需要修复阴道和尿道之间的一个瘘口，但由于女孩还处于发育中，阴道和尿道都很细小，二者之间的隔膜很薄，不到两毫米。此外，尿道前面还有耻骨联合的骨头挡着，需要修复的地方显露困难。这些都增加了手术的难度，当然，这些并没有难住"一把刀"，手术很成功。

女儿手术出院后，根据医生的指导，李斯阳开始训练孩子的憋尿能力，1个小时、2个小时、3个小时……不到1个月，孩子就告别了"尿不湿"。

2022年7月，李斯阳又带着孩子进行了最后一次复查。孙宁告诉他，孩子已经完全恢复，一直跟随这个家庭的乌云也彻底消散了。

李斯阳对记者说，孙宁院长和北京的专家给新疆的孩子们带来了很大的福音。

渐渐地，新疆儿童医院的名声传开了，老百姓的信任度也在上升，一家儿童专科医院的雏形开始显现：儿童耳鼻喉科、眼科、泌尿外科、风湿内分泌科、血液肿瘤科……新疆儿童医院新建成和整合了约 20 个儿科科室。

除最熟悉的看病、做手术外，大到医院、地区医疗的发展规划，小到财务管理、设备采购、后勤基建等工作，这些之前几乎没有做过的事情，孙宁都需要操心、负责。陈晖感慨，这一年多"孙院长心事多了，白头发也多了"。

时间一天天过去，孙宁的心事也开始一件件化解。2022 年 7 月，新疆儿童医院门诊量最多的一天达到了 1760 人次，门诊大厅变得忙碌了起来。

用 10 年给新疆培养出一批儿科医疗人才

为新疆医疗工作提供援助并不是从新疆儿童医院开始的，只是这次的援助时间更长、更系统。国家区域医疗中心建设项目计划通过 10 年托管，在当地建成高水平的临床诊疗中心、高层次的人才培养基地和高水准的科研创新与转化平台，辐射全疆及周边地区，让更多患儿就近就医。

10 年，听起来挺久，但是在孙宁心里，时间还是十分紧张的。在接受中青报·中青网记者专访时，孙宁说："医生的培养周期很长，除了向老师学、向教科书学、向文献学，最重要的一点就是向病人学，这是一个积累的过程。把一名刚毕业的医学生培养成合格的医生，没个十年八年是不行的。"

孙宁要从根源上解决新疆儿科医生培养问题。他计划争取先把新疆儿童医院纳入新疆医科大学或者石河子大学医学院的非直属附属医院。孙宁解释说，如果一家医院要引领一个地区的学科发展，必须是一所医学院校的附属医院或教学医院，只有这样才能有更多的教学任务，才能有本科生教育、研究生教育，这是解决问题的最重要的方法。

孙宁正在朝着这个方向努力，目前已经争取到了在新疆医科大学儿科学院给本科生讲授儿科临床理论课的任务。下一步，孙宁希望可以拿到大学儿科学系的资质，正式开展儿科理论教学和临床实习工作。以此为基础，再建设儿内科和儿外科的硕士点、博士点，以及博士后流动站等。

从一名医学生变成一名合格的医生，住院医师规范化培训是必经之路。有的权威专家回顾大半辈子的从医路，他们会觉得基本功是在住院医师规范化培训阶段形成的。我国儿外科住院医师规范化培训标准细则正是由孙宁参与制定的。此外，我国儿内科的住院医师规范化培训标准细则、儿内科和儿外科住院医师规范化培训基地的标准等均是由以北京儿童医院专家为主的队伍制定的。

经过多方努力，新疆儿童医院已顺利取得了全国儿内科、儿外科住院医师规范化培训基地的资质。孙宁说，这样才可以把毕业生留下来继续培训，然后再用 10 年的时间把毕业生培养成一名合格的儿科人才，"我们觉得是能做到的"。

孙宁解释说，一个成熟的专业涉及梯队建设，这个梯队里有正高、副高、住院医等，只要这个梯队建设好了，这个专业就稳了。在新疆援助的北京专家终究有一天是要回北京的，这些专家回去后，是否还有高水平儿科医学人才解决新疆孩子们的病痛？孙宁正在努力解决这个问题。

新疆儿童医院是国家区域医疗中心项目中的一家医院。从 2019 年开始，全国已有 50 家医院参与了国家区域医疗中心建设，覆盖了我国 20 个省份和新疆生产建设兵团。2022 年下半年，我国将启动第 4 批和第 5 批国家区域医疗中心项目建设，把剩余的 11 个省份全部纳入建设范围中来。

这 50 家医院的建设都是由国内排名非常靠前的综合医院、专科医院或者中医医院来牵头主导。截至 2022 年 6 月，50 家医院共规划设置床位超过 6 万张，有效缓解了欠发达地区优质医疗资源紧张的局面，填补了有关地方在肿瘤、心血管、呼吸、儿科等专科能力方面的短板弱项。

孙宁坦言，他是到了新疆之后才深刻地体会到了国家区域医疗中心建立的深远意义。在北京时，孙宁也在给孩子看病、做手术，做的还是高难度手术，为孩子解除病痛、为同行帮忙，他觉得很有价值。但是，到了新疆之后，孙宁发现没那么严重的患儿也不得不跑好几千公里去北京看病，他认为这不应该。而能到北京、上海等地方看病的患儿还是少数，绝大部分患儿只能在新疆看病。

也正是目睹了新疆患儿看病的困难，孙宁才体会到，只有通过国家区域医疗中心建设，系统地提升当地儿科医疗能力，才能最大限度地解决当地患儿看病难的问题。

孙宁说，作为国家儿童医学中心、北京儿童医院"土生土长"的医生，当国家着手部署区域医疗中心时，自己有责任投身其中，帮助更多的有需要的患儿。

2022年8月26日，记者再次采访孙宁的当天，他像往常一样提前半个小时去病房查房，以便可以直接了解患儿病情并组织儿外科医生开展业务学习和临床病例讨论，也可以有更多时间处理医院运行的工作。正如他所说，要做的事情太多了，必须抓紧时间。

（为保护患儿隐私，库图鲁克和李斯阳均为化名。）

《中国青年报》2022年8月30日

孙宁：天山脚下二次创业

◎ 江大红　项春梅

2021年2月，64岁的北京儿童医院外科教研室名誉主任孙宁教授接到任务：离开北京，远赴新疆，担任国家区域医疗中心项目建设单位、新疆维吾尔自治区儿童医院（以下简称"新疆儿童医院"）

◎ 2021年3月，孙宁（左三）在北京儿童医院新疆医院普外科会诊

党委副书记、执行院长。面对这个任务,他没有丝毫犹豫,便答应了下来。

2021 年 2 月 23 日,孙宁抵达乌鲁木齐市。几个月来,在他的带领下,新疆儿童医院发生了很多可喜的变化,新疆乃至周边地区的儿童看病更方便了。

花甲之年的远行

"抱歉,我在新疆呢,这个会不参加了,谢谢您!"最近几个月,孙宁推掉了一个又一个学术会议邀请,全力以赴投入新疆儿童医院的发展建设。

2020 年 12 月 19 日,北京儿童医院新疆医院国家区域医疗中心(筹建)在新疆儿童医院正式揭牌。这是国家发改委、国家卫生健康委在儿科领域的重要布局,旨在通过为期 10 年的建设,助力新疆儿童医院建成高水平的临床诊疗中心、高层次的人才培养基地和高水准的科研创新与转化平台,辐射全疆及周边地区,让更多患儿就近就医。为了完成这个任务,孙宁毅然离开挚爱的家人,离开熟悉的医院和同事,来到 2700 余公里外的乌鲁木齐。

说起这次远行,孙宁很淡然:"我觉得没什么呀,我是一名医生,一名共产党员,初心就是帮助病人。既然国家需要,医院需要,新疆的孩子们需要,我就过来。能为病人和同行做点事情,我很高兴,也义无反顾!"

如果说,从一名医学生成长为中华医学会小儿外科学分会前任主任委员,成长为我国小儿泌尿外科的"一把刀",是孙宁个人成长史上的"第一次创业";那么在花甲之年,领命担任新疆儿童医院执行院长,则可以说是他人生中的"第二次创业"了。

新疆儿童医院是由有着37年历史的新疆交通医院改扩建而成,其儿科力量主要依托于从自治区人民医院并入的儿内科、儿外科。近些年,医院虽有较快发展,但离国家儿童区域医疗中心的建设目标差距很大,儿科尤其是儿外科医疗力量薄弱。目前,医院有100多项检查无法独立完成,科室设置不全、设备不够、儿科专业人员严重不足……这些问题都摆在孙宁面前。这也注定,他人生的"第二次创业"将会异常艰辛。

到了新疆,他紧锣密鼓地推进各项工作。医院新楼终于破土动工,多学科诊疗、病案管理等制度强化落实了,全院职工的凝聚力更强了。

在学科建设上,他以儿外科为抓手,通过手术带教、经验分享,一点点提升当地医生的水平。他还把北京儿童医院的专家们请到新疆,联系专家在北京为新疆的患儿远程会诊。两家医院的绿色转诊通道也已建立,多名疑难重症患儿被转到北京儿童医院进行治疗。

孙宁不仅把自己精湛的技术带到新疆,还积极推进医联体建设。在1个月时间里,他和团队从乌鲁木齐出发,跑了哈密、塔城、克州等6个市州,其中5个来回距离超过800公里,最远的接近3000公里。

"国家区域医疗中心项目,特别是新疆的儿童区域医疗中心建设是国家的战略任务,关系到优化医疗资源布局和边疆稳定。"在新疆工作4个月以来,孙宁开展每项工作都带着强烈的使命感:"我个人取得什么成绩不重要,重要的是有没有帮助当地,在疑难危重症诊断与治疗、高层次医学人才培养、基础医学研究与临床研究成果转化等方面提升能力。"

而在当地扎得越深，孙宁就越能深刻感受到新疆孩子的需要："这里的孩子看病太难了，太需要一家高水平的儿童医院了。这是一项长期任务，可能无法在一两年内快速见效。但我相信，通过我们5年的努力，一定可以看到明显成效。"

"孙院长教的是'艺术'"

一位名医就是一个"金字招牌"。孙宁教授来新疆的消息，很快传开了，患者慕名而来。他利用每一个机会，进行高难度手术示教。"只有把当地医生的水平带起来，才能惠及更多患儿"。

4岁的小宇（化名）家住哈密市，刚出生就被发现患有尿道下裂。这是一种先天性疾病，孩子"尿尿"的地方开口到了阴茎根部，站着尿尿会像花洒一样。该病不仅影响孩子的心理，成年后还会影响生育。小宇的父母早就知道孙宁是这方面的权威专家，但在北京手术至少要等一年。得知他来到新疆，小宇一家人高兴坏了。

4月16日，孙宁主刀为小宇进行尿道重建修复术＋阴茎矫直术。"我们做的是手术，孙院长教的是'艺术'。"新疆儿童医院泌尿外科主治医师李凯观摩完孙宁的手术后，发自内心地赞叹道。

在泌尿外科中，尿道下裂手术难度最大，并发症多，文献报道的术式多达300余种。在孙宁眼里，尿道下裂的治疗是个性化的，取决于患儿自身条件。除要让患儿恢复正常功能外，还要做得好看，避免长大以后在生活中遭遇尴尬。为了达到这个审美要求，他把手术做成了艺术。在 3 厘米左右的阴茎上动刀，一般要缝合 200—300 针、打 800—1500 个结节。手术室里，专注的孙宁仿佛在演绎着指尖上的艺术。

最终，小宇的手术在两个半小时后完成，术后恢复顺利，孩子第一次能够站立排尿，阴茎外观和正常孩子包皮环切术后一样。

随着孙宁这个"金字招牌"到了新疆，青海、甘肃，甚至山东、江苏等地的患儿家庭都慕名而来。

"做一名纯粹的医生"

"孙老师医术非常高超，但给我印象最深的，却是他的'三不'原则。"北京儿童医院泌尿外科副主任医师王冠男说，孙宁的"三不"指的是：一不收红包，二不收回扣，三不收锦旗。之所以不收锦旗，孙宁的解释是："家长们为了给孩子治病经常东拼西凑，我们要让他们把每一分钱都用在刀刃上，做一面锦旗要花好几百元，不如给孩子买点好吃的。"

在北京儿童医院泌尿外科医生办公室里，放着一个不大的相框。相框照片里，有一位白发苍苍笑眯眯的老太太，似乎在凝神注视着大家，她就是我国小儿泌尿外科创始人，也是科室创始人——黄澄如。黄老被大家亲切地称呼为"黄头儿"，在她的培养下，泌尿外科先后出了两位中华医学会小儿外科学分会主任委员，一位是现任科室主任张潍平，还有一位就是孙宁。"黄头儿"离开大家快一年了，但孙宁还是经常把她挂在嘴边："黄头儿给我最大的教诲就是做一名纯粹的医生。"

1983 年，孙宁从首都医科大学毕业，进入北京儿童医院成为一名外科医生。早些年，随着国内车祸发生率的提高，后尿道断裂的患者逐渐增多。急诊期修复后尿道完全性断裂有很大的困难和风险。当时急诊手术单纯进行膀胱造瘘，半年后再进行二期手术，修复尿道闭锁或狭窄的治疗策略被广泛接受。而陈旧性后尿道外伤性尿道闭锁或狭窄的治疗，并发症多，周期又很长，往往要经过三四次手术进行修复。这期间，患者需要长期携带膀胱造瘘管，经腹部导管排尿，承受着很大的痛苦。

为了攻克这一难题，孙宁在查阅大量文献资料后，决定采用"急诊经会阴"的方法修复损伤的尿道。20 世纪 80 年代末，他和老师黄澄如共同完成了国内第一例小儿新鲜后尿道外伤的急诊修复。迄今，由他完成的该类手术数十例，治愈率接近 100%。后来，这一技术在全国推广，并在美国和欧洲小儿外科年会和泌尿外科年会报告。

作为全国小儿泌尿外科的带头人，孙宁面对的患儿家长，有很多都抱着来这里为孩子"最后一搏"的态度。多年前的一个下午，一对焦急的夫妇抱着一个 3 岁的小姑娘找到孙宁。当时，孩子已经无法正常呼吸和走路，肚子胀得像个皮球。小姑娘的父母说，早在一年前，当地医院医生就说肿瘤太大，无法手术。经过检查，孙宁发现，孩子多条大血管被肿瘤紧紧地包裹着，情况十分危险。很多医生担心孩子下不了手术台，劝孙宁不要冒险。可孙宁却说："我们不收，你让患儿再去哪儿？我们这里是泌尿外科患儿的最后一站。这是黄头儿当年立下的规矩！"

手术那天，手术室里的气氛异常凝重。手术从早上 8 时一直进行到下午 3 时，一个重达 3.1 千克、占孩子体重 1/4 的肿瘤被完整切除了。

"术后两年间，孩子定期来复查。每当我看到孙老师眼神里流露出的欣慰与喜悦时，我便理解了他所说的，'做一名纯粹的医生'的意义。"王冠男说。

从医 30 余年，孙宁总是谦虚地说，没有医院的培养，没有黄澄如教授的教诲，自己"啥也不是"："黄教授坚持一就是一，二就是二，不能吹牛，不能玩虚的，这种务实的态度让我受益终身。还有张金哲院士，毕生致力于推动中国小儿外科事业的发展，这种境界值得我一辈子学习！"

《健康报》2021 年 6 月 29 日

孩子心中最美医生孙宁

◎ 何 蕊

2022 年 8 月 19 日是第五个中国医师节，在中宣部、国家卫生健康委联合公布的 2022 年全国"最美医生"候选人名单中，有一位身处新疆的北京医生。他就是北京儿童医院新疆医院党委副书记、执行院长孙宁。

63 岁援疆
"新疆的孩子需要我　我就来了"

2020 年 12 月 19 日，北京儿童医院新疆医院国家区域医疗中心正式揭牌。这是国家发改委、国家卫生健康委在儿科领域的重要布局，计划通过 10 年的建设，助力新疆儿童医院建成高水平的临床诊疗中心、高层次的人才培养基地和高水准的科研创新与转化平台，辐射全疆及周边地区，让更多患儿就近就医。

作为对口帮扶单位，北京儿童医院承担起建设国家儿童区域医疗中心的使命。而选派什么样的专家带队赴疆，一时间让儿童医院院长倪鑫犯了难。

一次，在与儿童医院泌尿外科主任医师孙宁聊天时，倪鑫院长以半开玩笑的语气问："老孙，要不然你去？"

在倪鑫看来，这只是一句玩笑话。因为孙宁2020年时已经63岁，担任北京儿童医院外科教研室名誉主任。然而，就是这句不太正式的邀请，让孙宁毅然决然地远赴新疆，支援医疗建设。

如今，回想起这个"脑袋一热"的决定，孙宁依旧坚定地表示，没有后悔过。"我不太在意得与失，既然新疆的孩子需要我，我就来了。"于是，在家人的支持下，他带队出发，去建设国家儿童区域医疗中心。

和孙宁一同援疆的，除了各科室的医生，还有医务处、财务处、信息中心等部门组成的管理团队。来到乌鲁木齐，他才逐渐发现，所面临的困难远比想象的多得多。

新疆儿童医院前身为新疆交通医院，已有37年历史。近年来，这里虽然陆续建成了儿内科和儿外科，但距离国家儿童区域医疗中心的建设目标仍有很大差距。"一家儿童医院绝非儿科强就万事大吉了，相关科室水平都要跟上。"孙宁打了个比方，就如同一位医生水平再高，如果没有影像、病理、超声、检验等科室的配合，也只能是纸上谈兵，无法做出精准的诊断。

从医生到管理者，身份改变也让孙宁意识到，用心做好每台手术远远不够，大到医院、地区医疗的发展规划，小到财务管理、设备采购、后勤基建等工作，都得自己操心。医院新楼破土动工、多学科诊疗和病案管理落实强化、联合北京儿童医院建立绿色转诊通道……面对千头万绪的工作，这位老医生丝毫没有退缩，几乎从零做起，紧锣密鼓地推进着各项任务。

38 年从医
"成就感来自患者和同行的认可"

从医 38 年，孙宁已经为上万名儿童缓解了病痛。"普通医生在手术中磨炼技术，而孙主任是把手术做成了艺术。"在北京儿童医院泌尿外科诊室里，总能听到类似的赞美。碰到难治的尿道下裂、尿道外伤、复杂肾脏肿瘤等很多医生不愿做、不敢碰的手术，他也从来不含糊，是业内公认的"一把刀"。

近年来，儿童车祸发生率越来越高，完全性后尿道断裂的患儿也逐渐增多。孙宁在查阅了大量文献资料后，研究尝试了新型急诊期经会阴尿道吻合术，治愈率接近 100%，可一次性解决患儿问题。"效果出乎意料地好，出血少，孩子也不用长期带造瘘管，不管从经济上还是减轻病痛方面，都让患儿及其家庭受益匪浅。"积累了丰富的尿道外伤急诊手术经验后，孙宁和北京儿童医院泌尿外科团队开始在全国各地传授经验，将小儿尿道外伤急诊修复技术逐渐推广开来。

在泌尿外科中，尿道下裂的治疗难度很大，并发症多，高风险的修复手术更是被形容为"在刀尖上跳舞"。"这种先天性疾病，不仅在孩子成年后会影响生育，还有可能影响其心理健康。"在孙宁看来，泌尿外科治疗没有最好，只有最适合。针对每个患儿的自身条件，制定个性化治疗方案，他给自己定下硬标准：不仅要让患儿恢复正常功能，还要做得好看，避免以后生活的尴尬。

在仅有一枚硬币大小的区域内动刀，一般要缝合200—300针、打800—1500个结。手术室里，针持器、手术线、小剪刀上下有规律地运动，在一束束明亮灯光的照射下，孙宁仿佛在演绎着指尖上的艺术。

孙宁自己没有孩子，却将每位患儿视如己出，设身处地站在家长的角度考虑问题。有位女患儿因泌尿系统先天畸形导致尿失禁，8岁了还天天穿着尿不湿去上学。"小姑娘一直穿着尿不湿，以后上大学、工作可怎么办啊！"孙宁得知这一情况急得皱起了眉头，给她紧急安排了手术，帮助女孩彻底告别了湿裤子。术后，家长激动得给孙宁连连鞠躬，"我们还以为孩子一辈子就这样了！"

这样的故事，每天都在孙宁的诊室里发生着，他精湛的医术和高尚的医德也让很多患儿及家长慕名而来，一台台手术被排得满满的。就算如此，他始终坚持着"三不"原则：一不收红包，二不收回扣，三不收锦旗。"我的成就感来源于患者和同行的认可，把病看好了，把问题解决了，才是好医生。"孙宁说。

孙宁带领的团队落地乌鲁木齐没多久，"北京大专家援疆"的消息便在当地传开了，乌鲁木齐、哈密、和田等疆内地区，甚至青海、甘肃等邻近省份的患儿纷纷前来求诊。尽管管理工作占据了很大精力，孙宁仍未放下手术刀，在近一年半中完成了百余台手术。

令孙宁印象较深的，是一名来自和田的小男孩。这个男孩幼年时因车祸导致尿道断裂，在当地做了膀胱造瘘手术，带着尿袋生活了五六年。家长得知有位泌尿外科权威专家来到新疆后，订了飞机票，带着孩子跨越1500多公里，来到新疆儿童医院求诊。"看到孩

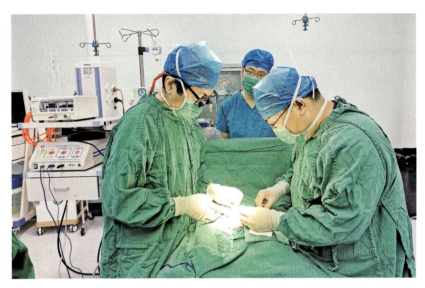

◎ 孙宁（左一）在北京儿童医院新疆医院为患儿做手术

子的第一眼很心疼，车祸差点夺去了他后半生的幸福。"寻找断口、移动复位、精准缝合……孙宁"手到病除"，不仅帮他摘了尿袋、接了尿道，这名男孩未来还有望恢复正常功能。

10 年目标
"让新疆患儿在当地就能治好病"

一位名医就是一块移动的"金字招牌"。然而，将来项目建设完成，来自北京的专家离开后，能为新疆留下什么呢？这是孙宁一直在思考的问题。"来新疆不只盖盖楼、建设备、看看病、做手术这么简单，我们还要给新疆培训本地专家，建设一支带不走的医疗队，让更多患儿在本地也能看上病、治好病。"

孙宁发现，在新疆收治的患儿中，只有一小部分是疑难杂症。

然而，很多一般病症的患儿依然被病痛困扰多年。"不来新疆真不知道这里有多大。"孙宁掰着手指头说，这里是中国陆地面积最大的省级行政区，从和田到乌鲁木齐要坐两小时的飞机，火车要坐整整一天。"很多家长带着孩子长途跋涉来看的'绝症'，在我们看来可能只需要做个简单的手术就能痊愈。"于是，孙宁下定决心，把国家儿童区域医疗中心建设好，让孩子们在当地就能把病治好。

在同龄人已经开始享受天伦之乐的时候，孙宁却忙得不亦乐乎——医院先后建起了耳鼻喉科、眼科和急救综合病房楼，下一步还要组建心胸外科、营养科、临床心理科等。在他的邀请和感召下，一批批来自北京儿童医院相关专业的学科带头人和专家也来到新疆工作，到基层推广儿科诊疗技术，进行会诊、义诊，受到了当地人的欢迎。

孙宁默默地在心里算了一笔账，十年能培养一代人，如果这代年轻医生能够一直扎根新疆，服务医疗建设，那么新疆本地乃至周边省份的看病难将大为缓解。为此，他以人才培养为目标，把泌尿外科作为抓手，对年轻医生手把手地进行高难度手术示教，毫无保留地传授技术和经验，提升当地医生的诊疗水平。"不仅要教会他们做手术，更要培养他们做病人需要的手术。"孙宁举例，手术该不该做、什么情况下不做、做的效果不好如何解决等都是当地医生需要深思的问题。

如今，在孙宁的带领下，新疆儿童医院的教学、科研等工作水平均有大幅提升。"道阻且长。"眼瞅着医院新建的大楼拔地而起，即将封顶完工，各科室建设不断完善，教学科研新成果频出，国家儿童区域医疗中心雏形逐渐显现……孙宁在倍感欣慰的同时，也立下了自己的"小目标"："希望通过北京儿童医院 10 年的托管帮扶，能够让当地患儿实现就近就医，让更多的孩子得到及时有效的治疗。"

《北京晚报》2022 年 8 月 8 日

2022
最美 医生

张　静

张静："最美医生"应有的样子

◎徐 晨

2022 年 8 月 19 日是第五个中国医师节，威海市立医院感染性疾病科主任张静收到了一份极具纪念意义的礼物——中央宣传部、国家卫生健康委向全社会公开发布 2022 年"最美医生"先进事迹，全国共有 10 名个人和抗击新冠肺炎疫情国家流调专家队光荣入选，其中就包括张静。

新冠疫情发生后，张静带领医护人员在 18 个小时内完成医院发热门诊扩建工作，解决发热患者集中就诊难题。作为威海市新冠疫情救治医疗队队长，她带领团队为患者提供精准治疗和护理服务，被评为全国抗击新冠肺炎疫情先进个人、全国优秀共产党员。

人如其名，张静是一个安静做事的人。在很多人看来，带领边缘化的科室摸索前进需要极强的意志，疫情初期前往抗疫一线需要莫大的勇气，安抚质疑自己的患者或患者家属需要强大的耐心，而在张静看来，这些都不过是她该做的事，是必须要做好的事。与她沟通时，她安静平缓地讲述自己的故事，很少提及艰苦和不易，她更愿意用细腻的情感展现医生温情的一面。

以理性践行职责使命，用感性安抚帮助患者，也许，这就是令百姓信赖的医生应有的特质，也是"最美医生"应有的样子。

逆行的果敢：
应对突如其来的"考试"

2019 年，张静刚开始主持感染性疾病科工作，疫情的突然来临，对她是一个不小的挑战。

每年冬天，北方流感流行高峰来临，都是感染科最忙碌的时候。而新冠疫情暴发的那个春节，她经历了前所未有的紧张。

张静仍难以忘记当时的情境：春节前夕多省启动重大突发公共卫生事件一级响应的消息放出，人们立即意识到事情的严重性。加上当时尚未找到新冠疫情的有效防治方法，恐惧情绪蔓延，威海市立医院感染性疾病科开设的发热门诊患者激增。当时发热门诊只有两个诊室，接诊速度不理想，患者挤在 10 号楼狭小的空间里。已有近 10 年感染科工作经验的张静意识到，这样的聚集很可能产生传播风险，在她的提议下，医院党委召开会议后决定扩建发热门诊，将 5 号楼 2 楼一整层腾出设立发热门诊。

接下来的十几个小时里，张静和同事们一边忙着搬运设备、清扫消毒，一边还得转移住院患者、安抚焦虑的候诊患者。1 月 23 日 22 时许，在全院各科室的努力配合下，设有 5 个诊室的新发热门诊终于建成，各诊室随即开始有序接诊。三四个小时后，将所有的积压患者安顿完毕，张静才走出了门诊大楼，此时已是大年三十的凌晨一点多，周遭的万家灯火已熄灭，街上没有人来车往，只有海风裹挟着寒冷吹在脸上。

张静有预感，这只是个开始。事实也的确如此。

接下来的几天，张静每天都忙得脚不沾地，就连年夜饭也是她好不容易挤时间匆匆回家塞了几口饺子解决的，之后又急匆匆返回科室。除夕夜，张静只在家待了 1 小时左右。

农历大年初四，威海市从全市各家医院抽调医护人员组队前往全市唯一定点收治医院——威海市胸科医院进行抗疫支援。张静接到了通知，并临危受命成为队长。没有任何犹豫，张静和同事交接好科室工作后，当晚 6 点多，就赶到了定点医院。

等待张静的，是艰巨而复杂的任务：

面对防控这场突如其来的"考试"，许多事情都需要自行摸索，对于每位前线医护人员而言，这都是一个不小的挑战，张静也不例外。

在张静等人到达以前，威海市胸科医院感染科的 4 名医生从大年三十就开始坚守在一线，体力脑力濒临透支，而本市确诊患者开始增加，病区急需人手支援。棘手的是，队员们来自不同科室，许多队员没有感染性疾病处置经验，一些队员连穿脱防护服都不熟悉，此时进入病区对其本人和患者来说都很危险。一边是与病毒赛跑时间紧迫，一边是院感培训马虎不得，怎么办？张静选择兼而顾之，她一边紧锣密鼓地组织培训，一边安排人员轮值顺序，两天后，全部人员掌握了病区操作知识，终于进入病区，收治的效率大大提高。

接下来，人员物资调配、诊疗方案优化、沟通联系会诊、患者情绪安抚等工作无不考验着张静的定力。那段时间，即使白天再累，夜里张静也经常失眠，她总会在脑海里回想每一例患者的诊治细节，琢磨病情。

这样紧张的节奏一直持续了近两个月。之后，张静又与威海医疗团队一起奔赴烟台奇山医院支援，共

◎ 张静参加全国抗击新冠肺炎疫情表彰大会

同救治新冠患者，直到 2020 年 3 月 12 日，威海新冠患者清零，张静才带领最后一批威海医疗队队员回到威海隔离休整。

患者的口口相传，
成为她"幸福的烦恼"

在成为专职感染性疾病科医生之前，张静做了 10 年的内科医生。2000 年 7 月，从青岛大学医学院毕业的她进入威海市立医院内科，时任科室主任的王毅力对张静的职业生涯产生了至关重要的影响。

在张静的印象中，王主任总是不断地学习汲取学科前沿知识，

有着丰富的知识积累，即使是认知度不高的血栓性血小板减少性紫癜也逃不过他的眼睛。"我被深深震撼了，真正体会到原来医生多积累知识是可以救患者命的。"在王主任潜移默化的影响之下，张静也养成了不断学习的好习惯。

2010 年，张静被调入感染性疾病科。感染性疾病科是我国许多医院的边缘化科室，谈不上什么学科的发展和建设，谁都不愿意去。张静所在医院的感染性疾病科当时只设有发热门诊和腹泻门诊，没有固定人员，由内科的医生和护士轮转值班。

尽管如此，接到调任通知的张静没有退缩。"总要有人去干，既然大家都不爱干，那就由我开始吧。"张静成为医院第一个定岗在感染性疾病科的医生。

在转科的初期，张静也对未来充满迷茫。"感染科能做什么？""我应该做什么？"这些问题长久萦绕在她的心头。不过，她没有停下前进的脚步，而是积极投身于传染性疾病的防治及突发公共卫生事件的处置工作，先后参与了新型甲型 H1N1 流感、H7N9 型禽流感、中东呼吸综合征等疫情的防控工作。几年下来，张静积累了丰富的处置突发公共卫生事件的经验，这成了她后来能够冷静理性参与新冠疫情防控的底气。

张静的迷茫，在一次偶然中被解开。2011 年，张静前往上海瑞金医院进修，复旦大学附属华山医院的王明贵教授前来讲座交流。会上，王教授讲到了抗菌药物应用管理的重要性，张静大受启发。

20 世纪 40 年代，以青霉素为代表的各类抗菌药物诞生，使众多感染性疾病偃旗息鼓，随着公共卫生建设的加强，传统的传染病发病越来越少，单纯从事传染病防治的感染科似乎越来越无用武之地。但挑战的另一面常是机遇——随之而来的，是越来越多的耐药细菌出现。感染科在抗菌药物使用方面更加专业、经验丰富，这恰恰也为感染科的转型提供了思路，即从传统的传染病防治转变为以收治细菌真菌感染患者为主的大感染学科。

有了思路后，张静开始探索感染性疾病学科的发展。张静通过学习和交流提高自身的专业水平，吸取借鉴了多重耐药菌感染诊治和规范抗菌药物合理应用的先进经验。经过张静等人的不懈努力，2014 年 10 月，威海市立医院感染性疾病科病房对外投入使用，这一做法当时在全国成为感染性疾病学科领域的创新之举。

如今，威海市立医院感染性疾病科已经成为威海市的临床重点专科，作为科室负责人的张静也是许多年轻医生学习的榜样。"感染科医生看病就像警察办案，要从看似差不多的症状中抽丝剥茧，发现病因病灶并给予精确治疗。"张静时常把类似的话挂在嘴边，用以鞭策科室年轻医生提高诊治能力、耐心问诊。付出总有收获，张静的医术得到了越来越多的肯定。

患者的口口相传，让张静有了"幸福的烦恼"——

张静总会接到一些陌生人打来的电话，每次还没等张静细问，电话那头的人就开始说起自己的病情，张静本能地询问分析，把患者来历的事情抛诸脑后。直到最近，张静在随访一位患者时才找到了原因。

那是本地一位感染性心内膜炎患者，自 2020 年发病后反复多次住院治疗，每次治疗都只是当时症状得到控制，出院不久就复发。通过网上查询，患者找到了感染性疾病科主任张静，张静从病历入手，详细研究了他的病情和治疗方案。"多次治疗不见效，很可能找错了源头。"张静猜测。果然，经过进一步检查发现，患者的腹部还存在一个持续的感染灶不断释放细菌入血，而之前治疗一直针对心脏瓣膜发力，并未彻底铲除真正病灶。张静为患者调整了粪肠球菌的药物治疗方案，6周以后，患者症状缓解。张静对该患者随访得知，患者已彻底痊愈。患者十分信服张静的医术，把她的电话推给了不少被此疾病困扰的病友。真相浮出水面，张静哭笑不得，"虽然会因为电话不断而困扰，但这是患者对我的肯定和信任，我没有理由拒绝。"

"如果这是我父亲，我肯定毫不犹豫地送他进 ICU"

张静是一个感性的人，与她交谈时不难发现这一特质。在谈及疫情暴发后她的经历时，她满是感动，多次感叹"那时大家真的很团结""社会各方都在支持我们""患者都很理解我们"……看得出，张静擅长从艰苦中发现甘甜、从困境中挖掘希望，这构成了她在疫情中前进的原动力。

张静身上的这种特质，也使她愿意且能够设身处地为患者考虑，真正解开患者的心结，这对患者而言是一种幸运。

时至今日，张静都记得在烟台奇山医院支援时遇到的一位患者。"他的病情状况不容乐观，已经出现呼吸衰竭。他常年在武汉务工，春节期间回乡过年，没想到感染了新冠，妻子和9岁的孩子也有发病迹象，和他一起隔离。"

对疾病的恐惧和对家人的愧疚等消极情绪，严重影响了患者的求生欲，同时也在很大程度上影响着病情进展及救治效果。心病还须心药医，当意识到这一点后，张静每次查房都要和这位患者聊天谈心，鼓励他配合治疗；为了便于交流，张静还主动添加了患者的微信，通过线上沟通为患者排忧。同时，为了弥补当时对重症救治经验上的不足，张静与威海市立医院ICU以及省内专家远程会诊讨论，最终为患者制订了包括俯卧位通气、高流量吸氧等在内的治疗方案。心理安慰与科学治疗双管齐下，患者情绪和病情都开始好转，一个月后，患者康复出院。一年后的又一个春节，这位患者向张静发来了祝福，邀请她到武汉旅游。忙碌的张静至今没能应邀前往，但很欣慰满足。

在日常工作中，张静也十分擅长与患者交流。

感染科患者通常起病急、病情发展快，不少患者前一天还很正常，第二天就病情危重，这需要医生快速给出救治方案，更需要与患者家属及时沟通。许多患者及家属难以接受突然的转变，难以信任听取治疗建议，但张静总有让患者信服的力量。

发热伴血小板减少综合征就是这样一种疾病。每到春夏，山东省的发热伴血小板减少综合征就进入流行期。这是一种病毒性急性传染性疾病，主要通过蜱虫叮咬传播，也可以通过接触患者的血液、分泌物、体液等因素感染传播。此病潜伏期长达5—14天，一旦发病就会快速进展，四五天内就可能危及患者生命。

2012年夏天，张静就遇到了这样一位患者。患者送来时已出现神经系统症状，需要紧急送往ICU。但在征求患者儿子意见时，患者儿子却质疑："昨天还好好地下地干活，今天就要抢救了？"面对患者家属的不理解，张静没有委屈或愤怒，而是尝试从患者家属角度考虑，"许多人并不了解这一疾病，也想不到蜱虫叮咬会有这样严重的后果；再加上一切发生得太过突然，他一时难以接受也是正常的。"张静再次向患者家属说明患者情况的严重性："如果这是我父亲，我肯定毫不犹豫地送他进 ICU。"正是这句话，让患者家属在知情同意书上签下了名字。最终经过医护人员全力抢救，患者顺利得救，不久康复出院。

这样的患者和情况，张静在感染科经常遇到，沟通是她认为的最有效的解决方法。"患者面对疾病时往往十分无助，医生是他们最值得信赖的人，是唯一的希望。"在张静看来，医护人员的职责不仅仅是治病，还需要体现人文关怀。人们常把"有时去治愈，常常去帮助，总是去安慰"作为医者的三层使命，这是张静从医 20 余年一直信奉的理念，也是她与患者交往的指引。

《大众日报》2022 年 9 月 23 日

冲锋在前的白衣战士

◎ 王 震 于佳霖 田佳玉

5月19日上午，威海市立医院感染性疾病科主任张静正在发热门诊忙碌着。自疫情防控常态化以来，忙碌成为张静工作的主旋律，多年来，张静一直投身传染性疾病及突发公共卫生事件的救治一线，作为一名党员，一名基层党代表，她始终牢记共产党员的初心和使命，冲锋在前。

时刻准备着

2020年，新冠疫情突发，张静作为市级新冠专家组成员，担任新冠患者救治组组长，奔赴威海市定点收治医院支援，领导全市新冠确诊病例患者的救治工作。

同时，张静凭抗疫的出色表现，获得全国抗击新冠肺炎疫情工作先进个人和全国优秀共产党员荣誉称号，也是威海市唯一获此殊荣的医务工作者。

如今，张静的工作也更加忙碌，除了发热门诊的工作，还要进行会诊、业务学习、学术交流以及科室管理等工作。

当问及工作和生活时间冲突时优先哪一个？张静毫不犹豫地选择工作。但忙碌的工作，确实让张静无法平衡好工作和家庭。张静的女儿还有十几天就要高考了，但她没有时间在女儿冲刺的关键时候好好陪陪女儿，给女儿打打气。"她高中的三年正赶上疫情的三年，所以我没时间陪她，但她会一个人认真上网课、认真学习，从来不让我操心。"张静告诉记者，女儿很懂事，也很理解自己的工作。

面对疫情的不确定性，张静表示自己时刻准备着，只要党和国家需要，她依然会义无反顾站出来，到党和国家最需要的地方去。

为科室发展指路

2010 年，张静刚来到感染性疾病科，成为第一位专科医生，也是当时科室里唯一的专科医生，主要承担感冒发烧和腹泻患者的诊治。

"随着大家卫生意识的提高，传统传染病发病率越来越低，只防治传染病的话，科室怎么发展呢？"有了想法后，张静开始进修学习，接触到多重耐药菌感染和规范抗生素应用，回到医院后，她有了思路。"我们科室要想发展就要从传统的传染病防治转变为大感染的概念，门诊主要做传染病的筛查，住院病人做普通感染的治疗。"张静说。

在张静发展大感染学科理念的推动下，2014 年 10 月，威海市立医院感染性疾病科病房对外投入使用，这一做法走在了全国、全省前列，成为感染性疾病学科领域的创新之举。同年，感染性疾病科被列入市级重点专科项目。

目前，威海市立医院感染性疾病科共有医生 12 名，护士 17 名，成为威海市处理重大传染性疾病的主力军。"作为科室主任，2022 年我还会进一步完善科室工作，不断开展业务培训，让我们科室更好地担起疫情防控的责任，更好地为患者服务。"张静说。

《齐鲁晚报》2022 年 5 月 24 日

张静：坚守"疫"线的
生命守护者

◎ 蒋　锐　周广德

　　自 2000 年进入威海市立医院以来，无论是医院新成立感染性疾病科，急需医务人员时，她第一个报名做"开路先锋"，还是在疫情突发时，她第一时间向医院交上"请战书"，奔赴抗疫一线，张静始终投身于传染性疾病及突发公共卫生事件的救治一线，始终把治病救人放在首位，把履职尽责落到实处，"敬佑生命、甘于奉献"，用实际行动诠释着一名医者的使命与担当。

从零开始，带领团队一路向前

　　当下，感染性疾病科无论是设备设施，还是管理规范等方面都一应俱全。如果时间倒退到 2010 年，那时科室只有发热和腹泻两个门诊，医生、护士都是轮流坐班。为了改变这种局面，作为感染性疾病科第一位专科医生，张静主动请缨成为科室第一个"专班"医生。在"专班"岗位上，张静积极投身于传染性疾病的防治及突发公共卫生事件的处置工作，用心专攻主业，主要承担感冒发烧和腹泻患者的诊治工作。同时先后参与了新型甲型 H1N1 流感、H7N9 型禽流感、中东呼吸综合征等疫情的防控工作，并通过外出进修学习，逐步积累了丰富的处置突发公共卫生事件的经验。

在不断积累经验的同时，张静还在琢磨着怎么把科室做强做优。在外出进修学习中，张静接触到多重耐药菌感染的诊治和规范抗菌药物合理应用，确立了综合性医院感染性疾病科要从传统的传染病防治，转变为以收治细菌、真菌感染患者为主的大感染学科，并提出了门诊主要做传染病的筛查，住院则收治普通感染患者的概念和思路。

在张静及团队成员的共同努力下，2014 年 10 月，威海市立医院感染性疾病科病房对外投入使用，这一举措成为感染性疾病学科领域的创新之举。经过不断的发展，如今的威海市立医院感染性疾病科，从无到有，从弱到强，已经被列入市级重点专科项目，成为威海处理重大传染性疾病的"尖刀部队"。目前，科室队伍不断壮大，培养出了一批专业医生。

迎难而上，做最美的逆行者

2020 年年初，张静接到通知，要求"除发热病因明确的成人患者外，其他成人发热患者需前往发热门诊就诊，禁止其他科室门诊或病区收治发热患者。"接到通知后，张静隐约感觉到，这个春节会非常地不寻常。只不过让她没有想到的是，后来情况会变得更加严重。从这一天开始，医院发热门诊患者突然多了起来。整整一天，她都在不停地协调科里人力资源，支援门诊，解决发热患者就诊排队问题。直到晚上6点多，情况稍好了一些，浑身累得快散架的张静刚喘口气，忽然想起来丈夫在家发烧的事。她急忙打电话询问，得知丈夫体温已经快到39℃了。

当时心里万分着急的她，多想赶紧回家看看，可是由于夜班门诊患者多，门诊值班医生看不过来，病房的医生都过去支援了。考虑到这种情况可能短时间内无法依靠个人加班解决，张静在请求医院紧急支援的同时，紧急跑回到科里帮着处理病房的住院患者。这样一干就到了次日凌晨1点多。回到办公室，她还担心着丈夫的病情，带着那份担忧，张静还是决定不回去了，就在沙发上将就一晚。次日一大早，医院派过来支援的4位医生到位了。可是解决了一个难题，又来了新的问题，患者挤在一个狭小的空间里，容易增加院内感染的风险，她又赶紧向医院汇报。医院第一时间启动应急预案：对发热门诊紧急整体搬迁，将感染性疾病科病房内原住院患者进行转移。此举将门诊接待区域扩大了3倍，解决了激增的发热患者集中就诊问题。

又一个忙碌的一天终于结束。张静累得到了坐下就不想起来的地步，嗓子哑得几乎说不出话来。半夜12点多，她还是迈着几乎失去知觉的双腿，步履蹒跚地回到家里，照顾生病的丈夫。坐在床边，望着患病的丈夫，张静百感交集……身为妻子的她也想尽到妻子的责任，照顾好丈夫和孩子，但是非常时期，她必须得留在岗位上，以身作则，早点提高发热门诊的诊治能力，让所有患者都能早点看上病！

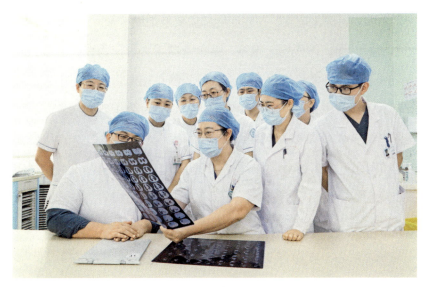

◎ 张静（前排右一）与科室同事一起讨论病情

时刻准备，到党和国家最需要的地方去

　　2020年农历正月初四，正在发热门诊紧张忙碌工作的张静接到紧急组织专家队伍前往威海市胸科医院全面接管确诊患者救治工作的通知。疫情就是命令，张静二话没说，回家简单收拾了一下，跟家人打了声招呼，就立即返回医院等待出发了。当天晚上6点多，张静同其他同事赶到市胸科医院，对救治工作进行接管。然而，交接以后她才知道，这次她的工作，不仅是救治工作，还要负责整个医疗队的所有事务。

　　知己知彼，方能百战不殆。然而这次，面对新冠疫情防控这张全新的命题"试卷"，对于每位前线医护人员来说，都没有标准答案可以借鉴。防控工作究竟从哪里入手，人员物资如何调配，诊疗方案又该如何优化调整？这些问题都需要她细细考量。

那段时间，即便白天很累，要负责联系人员、物资、会诊、转诊、协调等，经常忙得过了饭点，但张静在夜里仍经常睡不着，脑海里不停地回想每一例临床病例的诊治细节，分析研判病情。心里就一个念头：就是要跟死神"抢"时间。受张静的影响，与疫情"抢"时间成了救治组所有医护人员的共识，大伙经常研究讨论病例到凌晨，困了就趴在桌子上打个盹儿，电话或敲门声一响，立刻爬起来继续工作。

在之后的一段时间里，张静又作为抗疫一线中的"指战员"，与威海医疗团队一起奔赴烟台奇山医院支援，共同救治新冠患者。

当下，张静的工作也逐步恢复正常。很多人问她："如果党和国家再次需要挑战未知疫情，你还会冲在最前面吗？""只要党和国家需要，我依然会义无反顾地站出来，到党和国家最需要的地方去。"每每遇到这样的提问，她总是这样坚定地回答。

《健康中国观察》2022 年第 9 期

周行涛

周行涛：守护心灵的窗口

◎ 王美华

一望无际的草原、郁郁葱葱的森林、漫山遍野的花海……这些美丽的风景都需要用眼睛才能看到。眼睛是我们观察了解大千世界的窗口。

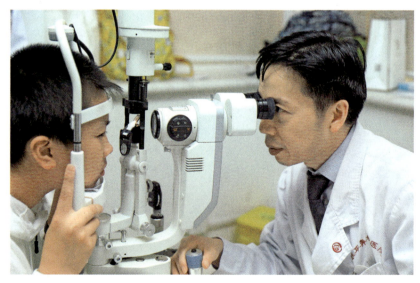

◎ 周行涛（右）为患者做眼睛检查

在眼科领域，有这样一位医生，聚焦近视防治 30 多年来，帮助数以万计的近视患者成功脱镜，被不少患者视为"光明使者"，他就是复旦大学附属眼耳鼻喉科医院院长、眼科主任医师周行涛。2022 年中国医师节前夕，周行涛入选 2022 年"最美医生"。

"有了光，就有一切"

周行涛 1983 年开始学医，但学眼科算是"半路出家"。

30 多年前，周行涛从卫校毕业后在浙江宁波镇海做医生。医院虽小，但安宁温馨，大家满怀热情地为了救治患者而共同努力，这让周行涛很有成就感。工作一段时间后，周行涛的天资和勤奋被老师们看在眼里，大家鼓励他"可以再往前走"。于是，他一边工作一边自学。1993 年，周行涛考上青岛医学院眼科研究生，走上了系统规范的眼科学习之路。

20 多年过去，周行涛从硕士读到博士，又从博士成长为教授。"不管到哪里，我都要做个好医生。"周行涛说，自己始终是一名"追光者"，"从医生的角度看，无论看起来多么糟糕的眼睛，有了光，就有一切。退一步而言，无论眼睛的光有多微弱，无论伤口有多张牙舞爪，在全力救治之后，总会不一样。"

让患者眼里有光、愿人人看清美好世界，是周行涛多年孜孜以求的目标。从医以来，在近视矫正临床与科研工作方面，周行涛连续创造了多项"第一"：在全国最早开展全飞秒激光等临床与基础研究，最早开展超高度近视人工晶体植入术（ICL V4C）并牵头建立技术规范与专家共识；在国际率先开拓全飞秒连续撕镜（SMILE-CCL）

技术及透镜移植研究，首创圆锥角膜表面镜、层间镜联合角膜交联技术……截至目前，周行涛带领团队已完成全飞秒激光手术超 17 万台，近视 ICL 手术 4 万多台，加上其他类型的手术，团队手术量居世界前列。

"全飞秒手术就是飞秒激光小切口透镜取出术（SMILE），在角膜激光手术中，已成为主流术式。"周行涛介绍，飞秒是标衡时间长短的一种计量单位，1 飞秒等于 1 秒的一千万亿分之一；飞秒激光是短脉冲的激光，瞬间爆发力强、精度高，可以作为一把精密的手术刀用于治疗近视，"从原理上来说，全飞秒手术就是利用飞秒激光精细切割的物理学特性，让角膜的屈光率得到改善，从而精准地成像在视网膜上。"

为了让近视矫正技术造福更多近视人群，多年来，这位专家"手把手"带教出国内外 500 多位眼科医生。为推进近视激光矫正技术在中国规范开展，他奔波筹备，最早建立屈光手术全国培训中心和可持续的"近视防治与激光矫正"教育项目，使其所在医院视光学中心成为亚太 ICL 手术培训基地，并成立了全球亚太国际全飞秒 SMILE 培训中心。

建设"透镜库"，留下"光明的种子"

持续不断创新的背后有哪些诀窍？

"我一直希望做一名好医生，给患者最好的治疗，所以一直用心思考，哪里还能再改进一点？哪怕是微小的进步，也能让更多近视患者拥有光明的未来。"周行涛坦言，持续开拓的动力，某种程度上是患者给的。

正是守着尽心尽力为患者服务的初心，周行涛对患者面临的实际问题持续钻研。他曾用22年跟踪治疗一个患有角膜遗传疾病的家庭，力图突破此类顽疾。

据介绍，圆锥角膜和角膜营养不良是眼科的顽症，圆锥角膜往往导致不规则散光及高度近视，严重者会导致失明，需要角膜移植；角膜营养不良则是一种遗传性原发性进行性角膜病变，发展到最后也需要角膜移植，而中国角膜材料严重匮乏，远不能满足临床需求。长年累月在临床的探索和思考让周行涛有了新思路："全飞秒手术取出来的'废弃物'——角膜组织透镜，如果能将其'变废为宝'再利用，也许可以解决角膜材料匮乏的问题。"

从兔眼到猴眼，再拓展到人眼的自体透镜移植、异体透镜移植研究，周行涛带领团队克服重重困难，经过10余年不懈探索，终于证明了飞秒激光近视和远视手术中原本废弃的角膜组织透镜可成功用于治疗一部分圆锥角膜和角膜营养不良等眼科患者。现在，这项技术已经应用于临床。

"全飞秒手术取出的角膜透镜是不可再生的人体组织，本属于人体的一部分，丢掉就没有了。医生要为患者多想一步，万一今后用得着呢？也许有一天，保存下来的透镜就会焕发新的生命力。"周行涛说，患者的角膜透镜既可以自己日后使用（如用于其他角膜疾病的治疗），也可以给血缘家人或捐赠给他人，用于远视、老花眼等的矫正，"设想一位20岁的年轻人300度近视时来做全飞秒手术，如果保存了角膜组织透镜，等到这位患者45岁的时候来诊希望矫正老花眼，这时再把25年前保存的透镜取出来，用准分子激光磨镶，使修饰度数更精准接近目标屈光度，然后把'雕琢'好的透镜放回角膜层间，就可以'完璧归赵'了。"

2021年1月，周行涛领衔在复旦大学附属眼耳鼻喉科医院建立了一个"透镜库"。在遵循伦理规则的前提下，历经一系列流程，原本废弃的透镜被保存在专用冰箱里。它们一个个静静地躺在那里，成为患者自身透镜储存的潜在远期自体应用及公益捐献的宝库，也成为其他角膜疾病患者重见光明的种子。同一时期，周行涛发起成立"中国角膜透镜再生转化联盟"，希望汇聚更多力量造福更多患者。

"最好的眼药水是健康科普，关键在'防'"

早起跑步、看门诊、开会、会诊、手术……记者采访这天，周行涛的日程安排得满满当当，原定的采访时间几度推迟。工作如此繁忙，多年来周行涛却坚持抽出时间和精力带领团队定期开展科普，这是为什么？

"我的老师曾说，做近视医生很失败，因为工作几十年，近视患者反而越来越多了。如果手术越做越多，哪怕手术做得再好，还是令人汗颜。"周行涛坦言，他在工作中也明显感受到近些年近视患者、近视手术越来越多，并且有往低龄化、高度近视发展的趋势。

对此，周行涛看在眼里、急在心上："我觉得必须把'防'的源头抓住，不能等到孩子已经近视或者变成高度近视，出现相关并发症再去治疗。因此，我们下定决心要做眼健康科普工作。"

早在2002年，周行涛带领团队在国内创建儿童与青少年屈光发育档案和动态数据库，产生了良好的示范效应。他带领团队建立起"学校—医院—社区＋眼视光一体化"近视防控与科普体系，促进自主眼健康管理，为家长提供智慧化科普与指导。

近年来，国家卫生健康委、教育部全力推进科普的工作，以"防治结合"的原则，科学统筹规划，精准施策，发力推进，对儿童青少年近视的综合防控工作已经推开。

那么，怎么样做科普效果才最好？

"科普有多种形式，对孩子们来说要亲切友好。"为此，周行涛带领团队创立了"近视小飞侠"科普志愿者服务队，与公益活动相结合，开展了线上线下等多种形式的科普活动。近5年来，服务队为沪上中小学生进行视力筛查共计40万人次，帮助10万余名家长提高指导学生科学用眼的能力。同时，服务队推出了5本科普书籍。2022年1月以来，服务队每周定期开展"近视小飞侠"科普直播，传递全生命周期眼健康的科学理念。

"大家都希望有儿童近视防控的眼药水，最好是神乎其神的眼药水，但是最好的眼药水是健康科普，关键在'防'。"周行涛强调，眼病防治是贯穿全生命周期的眼健康服务工作，儿童和青少年的近视防控、成年人的近视矫治、中老年人群的眼健康维护，特别是高度近视并发症的防治，将这些贯穿全生命周期的视觉健康、眼健康服务工作串起来，效果会更好，"希望有一天可以看到，手术越做越好，但是同时越做越少"。

"最美医生"周行涛：
让人人能看清美好世界

◎ 姜泓冰

第五个"中国医师节"之际，中宣部、国家卫生健康委联合发布 2022 年"最美医生"先进事迹，在 10 位个人和 1 个团队的光荣榜上，有一位来自上海的"最美医生"很是醒目——复旦大学附属眼耳鼻喉科医院院长、眼科主任周行涛。

为了呵护孩子的眼睛，他创新模式，带起一批"近视小飞侠"

接到入选"最美医生"通知，周行涛很意外。他查询往届上海的"最美医生"，听到王振义、丁文祥、顾玉东、葛均波等名字后，脱口而出："惭愧！我怎么能和这样的前辈和大家比？"

"大概因为我们一直在做儿童青少年近视防治和视觉健康科普宣传。习近平总书记指出，全社会都要行动起来，共同呵护好孩子的眼睛，让他们拥有一个光明的未来。而我们的一些努力被看到了。"而对荣誉，他冷静而谦虚。

面对国内青少年近视 80% 以上的高发率，周行涛做了多少事？

复旦大学附属眼耳鼻喉科医院是国内五官科领域首屈一指的专科医院，身为眼科主任医师、教授和医院院长、全国近视防控和矫治领域的权威专家，他的压力可想而知。

2002 年起，他带领团队最早在上海建立儿童和青少年屈光发育档案，逐渐覆盖华东地区约 50 万青少年的动态数据。

2018 年，为落实习近平总书记指示精神，共同呵护孩子的眼健康，在上海市卫健委、教育局支持下，周行涛团队建立起近视防治"上海闵行模式"——以眼科近视医生志愿者为先导，搭建"学校—医院—社区 + 眼视光一体化"近视防控与科普体系，创新地开展近视防控科普骨干培训，与试点学校探讨近视防控环境建设与干预方案，指导环境改造，建立屈光档案数据信息平台，为家长提供智慧化科普与指导。

周行涛担任了全国综合防控儿童青少年近视专家宣讲团副团长，由国家卫生健康委授命组建"周行涛近视小分队"，领导建立以核心医疗团队、学校 / 幼儿园、社区卫生服务中心及家庭共同参与的近视防治的康联体模式。

他带领团队创立"近视小飞侠"志愿服务品牌项目，近 5 年来为沪上中小学生视力筛查 40 万人次；帮助 10 万余名家长提高指导学生科学用眼能力；为贫困学生提供配镜补助 5500 人次。他常常用休息时间奔波于各学校和活动场馆，开设科普讲座，带领团队深入福利院、特殊学校，筛查并救助孤儿和残障儿童。他发表科普文章

280 余篇，开展科普讲座 200 余次；担任 5 部科普书籍主编、1 部科普书籍副主编；带领团队运营 4 个科普公众号（视频号），定期推送原创视觉健康与近视科普文章，上演原创公益眼健康主题儿童剧。疫情防控期间，他们尝试视频直播科普，几个月里每天不断，孜孜不倦传递全生命周期眼健康的科学理念。

为什么要在科普公益投入这么多？周行涛讲了个小故事。"我的老师曾说，做医生很失败，因为工作 40 年，治疗近视的手术越做越多。如果我手术越做越多，手术做得再好，还是令人汗颜。"

"近视，防控先行，健康科普是最好的爱眼护眼'眼药水'。我们要把防的责任担起来。"周行涛说。

他"飞"得最快、创新不断，
只为减少患者痛苦

周行涛喜欢注目别人的眼睛，自己也有一双"明眸"。说起眼科新技术，他眼里有喜悦的光。与患者交谈，他眼底有敏锐、灵动，却也温润、平和。

从医 30 多年，在近视矫正临床与科研方面，他不断开拓创新，在近视矫正手术领域，连续创造多项"第一"：国际率先开拓全飞秒连续撕镜（SMILE-CCL）技术及透镜移植研究，首创圆锥角膜表面镜、层间镜联合角膜交联技术，全国最早开展飞秒激光、LASEK/Epi-lasik 准分子激光等临床与基础研究，带动飞秒技术与优化表层切削手术在国内的规范开展；国内最早开展超高度近视人工晶体植入术（ICL V4C），并牵头建立技术规范与专家共识……许多"第一"，都源于最纯朴的初心：尽心尽力为每位患者服务。

以 1997 年他开展国内第一个保留角膜上皮的微创激光手术 LASEK 为例。当时在国内广泛开展的近视眼手术是 PRK，早期 PRK 术后 24 小时，眼睛反应较重，怕光流泪；为了减轻患者不适，他不懈摸索，率先开展 LASEK 手术，解决了术后眼睛反应过重的问题。

影响最大的，当属周行涛在国内率先开展的近视全飞秒手术。以最完美的手术技术，满足数以万计近视者摘镜需求，他和团队付出大量心血，特别专注于改善手术安全性和视觉质量，技术居于世界领先地位。截至目前，已带领团队施行全飞秒激光手术超 17 万台、近视 ICL 手术 4 万多台，加上其他手术类型等，成为国内首屈一指的近视矫治中心，团队手术量居世界前列。周行涛被誉为世界上"飞"得最快、技艺精湛的"最美医生"。

圆锥角膜和角膜营养不良是眼科顽症，重症患者需进行角膜移植；而中国角膜材料严重缺乏，远不能满足临床需求。周行涛为此长年累月思考和实践，有了新思路："全飞秒手术取出来的角膜组织透镜，如果能'变废为宝'再利用，也许可以解决角膜材料匮乏。"从兔眼到猴眼，再拓展到人眼的自体透镜移植、异体透镜移植研究，周行涛带领团队克服重重困难，经过 10 余年不懈探索，终于实现了此项技术的临床应用。他的团队在近视激光手术领域发表 SCI 论文共 120 余篇，位居世界第一，开创了一系列激光手术研究新方向；其中 13 篇文章成为国际屈光手术权威期刊《屈光外科杂志》封面文章。他们积极研发具有自主知识产权的激光手术相关设备和器械，拥有 35 项授权的专利，其中发明专利 2 项。

◎ 作为院长，周行涛（左一）积极带领医院引入互联网远程智慧医疗技术，以便带动长三角地区五官科医疗高质量发展，惠及更多百姓

如何成为好医生？周行涛记得自己刚工作时，在宁波镇海做基层医生。有位高度近视的小学教师来看病，病史很厚，女儿说他在路上对别人"视而不见"，他也自认"近视，眼神不好"。周行涛仔细观察，发现他的视神经颜色有点异常，经过视野检查及 CT，最终确诊为垂体瘤。因为早发现，得以成功救治。

"这个病例对我影响很深，时时想着对患者要检查得更细、考虑更多。"周行涛也叮嘱年轻医生们。在复旦大学附属五官科医院这样的专科平台上，每个就诊患者都不一定是首诊，可能已受疾病困扰很久，"找到你，对他来说，已是'终点站'，你一句'没事'，或'以后再看吧'，可能就意味着他放弃治疗。所以，我们必须全方位看好他们的病症。"

手术不只要"越做越好"，
更要能"越做越少"

在周行涛看来，眼病防治是贯穿全生命周期的眼健康服务工作，要早筛查、早干预，早发现、早治疗。

"只有一个人能做的手术没有生命力，我希望更多医生掌握。"周行涛培养青年医生很用力，"手把手"带教出国内外500多位眼科医生，使国内近视全飞秒手术从第1台发展到300多万台。为推进近视激光矫正技术在我国的规范开展，他奔波筹备，最早建立屈光手术全国培训中心和可持续的"近视防治与激光矫正"教育项目，使医院视光学中心成为亚太ICL手术培训基地，并在2018年1月成立了首家全球亚太国际全飞秒SMILE培训中心。通过国家级继续教育项目"近视眼临床防治与激光手术"学习班进行推广教育，吸引了来自全国各地的眼科医生，培训了4000多名学员。他培养的50余位硕士和博士研究生，也多在眼视光领域"闪闪发光"。

"有一对我们跟踪干预的双胞胎，现在10岁，近视度数是800度、900度左右。而其父是2000多度的高度近视。从他们的案例看，及早干预，高度近视的遗传性影响可以降低，低视力患者也能拥有美好生活。"周行涛喜欢讲各种案例故事。"科普写作，也是我的休息方式。"他自得其乐。

他做科普时，也有科研的劲头。"我们调研发现，诊间科普效果最好。"但诊间时间宝贵，如何做科普？他预先做好健康医嘱交给病患，加上面对面的叮嘱，"以前是书面打印，现在做成二维码，效率更高。"

"眼科医生要主动走出医院，到线上到社区到学校，携手努力，把儿童青少年近视率下降哪怕一个百分点也很重要。"周行涛呼吁，"眼科医生是追光者，更要自己发光，做有温度的医生，这是我们的责任！"

人民网 2022 年 8 月 23 日

"最美医生"周行涛:"追光"一生,希望近视手术越来越少

◎ 李佳蔚

2022 年 8 月 19 日是第五个中国医师节,节日前夕,中宣部、国家卫生健康委 2022 年"最美医生"揭晓,"追光"30 多年的中国眼科专家周行涛教授当选"最美医生"。

周行涛,现任复旦大学附属眼耳鼻喉科医院院长,从医 30 多年来,他在近视矫正临床与科研工作方面连续创造了多项"第一":

在国际上率先开拓全飞秒连续撕镜(SMILE-CCL)技术及透镜移植研究,首创圆锥角膜表面镜、层间镜联合角膜交联技术;全国最早开展飞秒激光、LASEK/Epi-lasik 准分子激光等临床与基础研究,带动飞秒技术与优化表层切削手术在国内的规范开展;国内最早开展超高度近视人工晶体植入术(ICL V4C),并牵头建立技术规范与专家共识……

2022 年 8 月 18 日,周行涛接受澎湃新闻等媒体采访,回顾自己从基层医生开始坚守初心、服务患者的历程,他频频提到两句话:

身为眼科医生，目标自始至终就是做一名"追光者"。近视手术越做越好，是当前的要求；而近视手术越做越少，才是自己毕生的追求。

"飞"得最快的医生

中国第一例近视全飞秒手术，就是周行涛开展的。在他的带领下，复旦大学附属眼耳鼻喉科医院视光学科团队在近视手术方面精益求精、不断突破，已居世界领先地位。

截至目前，周行涛带领团队已施行全飞秒激光手术超17万台，近视ICL手术4万多台，加上其他手术类型等，该团队成为国内首屈一指的近视矫治中心，团队手术量居世界前列。

周行涛强调，是手术就有风险，因此围绕手术核心技术，他们付出大量心血，特别专注于改善手术安全性和视觉质量。如今，他也被誉为世界上"飞"得最快、技艺精湛的医生。

多项"第一"的背后，蕴含的是周行涛从基层医生开始就坚守的初心：尽心尽力地为每位患者服务。

周行涛曾用22年跟踪治疗一个患有角膜遗传疾病的家庭。22年里，他深知眼疾对这个家庭的打击，坚持每半年一次主动与这户家庭联系，询问病情进展，为患者安排免费的基因检测，并鼓励他们积极面对生活的挑战。与此同时，他持续钻研，想要突破此类顽疾。

长年累月的临床探索让他有了全新的思路：全飞秒手术取出来的"废弃物"——角膜组织透镜，如果能将其"变废为宝"再利用，也许可以解决角膜材料匮乏的问题。

◎ 周行涛在公益科普活动上，为儿童和家长宣教近视防控知识

从兔眼到猴眼，再拓展到人眼的自体透镜移植、异体透镜移植研究，周行涛带领其团队经过 10 余年的不懈努力，证明了飞秒激光近视和远视手术中原本废弃的角膜组织透镜，可成功用于治疗一部分圆锥角膜和角膜营养不良患者，如今已将此项技术应用于临床。

"近视手术越做越少是最终的目标"

虽然周行涛一直致力近视领域的临床研究和治疗，但他的初衷是，希望寻求近视手术治疗的近视者越来越少。让每个人都能重视对眼睛的爱护，从小开始预防近视，他认为这是他最大的使命和责任。

早在 2002 年，周行涛和团队率先在国内建立儿童与青少年的屈光发育档案雏形，最早在上海建立儿童和青少年屈光发育档案，现已覆盖华东地区约 50 万青少年的动态数据，在国内产生了较好的示范效应。

2018 年以来，他带领团队建立近视防治上海闵行模式——以眼科"近视医生志愿者为先导"的科普新模式，建立"学校—医院—社区＋眼视光一体化"近视防控与科普体系。他们的团队与试点学校探讨近视防控环境建设与干预方案，指导近视防控室外环境改造，为学生建立屈光档案数据信息平台，促进自主眼健康管理，还为家长提供智慧化科普与指导。

他一直强调近视防治，"防"大于"治"，这些年他热忱于志愿服务，在各种场合为学生、家长开展近视防控宣教工作。周行涛担任全国综合防控儿童青少年近视专家宣讲团副团长，被国家卫生健康委授予组建"周行涛近视小分队"。

"手术虽好，但近视防控应该先行。大家要有清醒的认识，把'防'的责任担起来。"在儿童青少年近视防控的排头队伍中，周行涛走在前面，他称自己将继续坚定地走下去，"对于近视防控，健康科普就是最好的爱眼护眼的眼药水。"

"近视手术越做越好，是我们当前的要求，近视手术越做越少，是我们最终的目标。"他说。

澎湃新闻 2022 年 8 月 19 日

最美 医生

胡敏华

提一盏灯　照亮世界

◎ 钟秋兰

"她心里有盏灯。这盏灯，照亮过孩子看世界的第一眼，也温暖过走到生命尽头的人。"

这是病人对她的评价。胡敏华，南昌市第九医院护理部主任护师，第四十八届南丁格尔奖章获得者，2021 年 9 月 2 日，她走进北京人民大会堂，接受来自国际护理界的最高荣誉。时隔 9 年，她继章金媛、邹德凤之后，成为江西省获此殊荣的第三人。

这枚奖章是对一个长期奋战于抗艾一线、抗疫战场护理工作者的褒奖，也是对她一直奉献在人道一线的赞美。

**"人生无关对错，仅仅在于我们能否有勇气
在矛盾中作出选择并勇敢承担一切后果。"**

她是一个敢拼、肯干的人。谈起为什么后来一直在传染病护理岗位，她说："人生无关对错，仅仅在于我们能否有勇气在矛盾中作

出选择并勇敢承担一切后果。"从 20 岁参加工作时在妇产科迎接新生命，到之后转岗传染病科室，21 年的漫漫抗艾路，胡敏华看见的是"死"与"生"的转换与较量，患者看见的是中国护理工作者的风采、尊严和金子般的心灵。

万事开头难，胡敏华的抗艾之路走得并不轻松。2000 年，南昌市第九医院被确定为江西省艾滋病治疗中心，那时的人们谈"艾"色变。艾滋病防治对于当时的医院来说基本也是一片空白：新成立的艾滋病治疗中心只有一块牌子，大部分医护人员对艾滋病所知甚少，医院也是从零开始——既没有工作规程，也没有现成的工作制度。胡敏华毫不迟疑地接过了艾滋病门诊护士长这一艰巨的任务。

护理艾滋病人工作之初，最痛苦的事情，是临时组建病房的医护人员也恐惧、害怕甚至逃离，各部门沟通协调难；最急需解决的事情是医护人员要协调培训；工作制度、流程等需建章立制；入

◎ 认真工作的胡敏华

院的病人需要了解、沟通、干预……胡敏华利用"艾滋病预防与控制——关怀与护理"等培训知识，并查阅大量资料，在摸索中逐步建立了《艾滋病门诊工作制度》《艾滋病门诊患者接诊流程》《艾滋病护理常规》等规程。胡敏华的做事风格是事必躬亲、身先士卒，这令医院里的医生、护士都心悦诚服，原本没有谁愿来的艾滋病科，逐渐聚齐了一支队伍。在她的带领下，南昌市第九医院的艾滋病专科护理很快成为全省响当当的特色品牌。

作为江西省护理学会传染病护理专业委员会主任委员，胡敏华充分发挥专业委员会的桥梁纽带作用，大力推动行业交流。随着突发公共卫生事件日益增多，传染病护理更凸显出它的重要性。她每年牵头举办传染病护理学术交流会，搭建起广阔的研讨交流平台，分享宝贵经验，拓宽学术视野，为提升全省传染病护理水平提供了宝贵的支持。

为了使自己积累的经验惠及更多人，胡敏华细心总结并主持课题研究，以第一负责人的身份完成"艾滋病区存在的护理安全隐患及干预对策"等课题，发表《护理干预对艾滋病患者免费抗病毒治疗依从性的影响》《老年艾滋病病人心理分析及护理对策》《艾滋病母婴传播中职业暴露的防护进展》等论文数十篇，为艾滋病临床护理工作提供了新思路，在业内产生了广泛影响。南昌市第九医院也成为全国艾滋病护理培训的示范基地，每年都有全国各地的护理人员前来进修培训。数年来，胡敏华和她的团队累计开展抗艾专业知识讲座 100 多场，培训近万人次。由于业绩突出，她先后荣获省市优秀医务工作者和全国卫生计生系统"优质服务示范个人""中国好医生、中国好护士"月度人物等称号。

"爱是世间最神奇的力量，我捧着一颗心来，他们怎会拒绝我的真诚？"

她有一颗炽热的仁心，坚持以爱治艾。她说："爱是世间最神奇的力量，我捧着一颗心来，他们怎会拒绝我的真诚？"很多艾滋病患者尤其是新感染者因恐惧与绝望，不敢告知家人，也无法向他人倾诉，只能求助于医护人员。与胡敏华共事多年的志愿者小谭感慨道："胡大姐要操的心太多，艾滋病患者不能对别人说的话，都会向她倾诉，她成了无数病患负面情绪的'集中站'。"

胡敏华的手机里存着1000多名患者的联系方式，还有50多个微信大群。为了不错过任何一个求救信号，无论工作日还是休息日，她随时保持电话畅通。这条"生命热线"挽救过一心求死的青年、支撑过濒临崩溃的家属、疏解过极度恐惧的疑似患者，被艾友们誉为"绝境中的明灯"。数不清有多少个夜半时分，床头的手机响了起来，从睡梦中惊醒的她拿起手机，倾听电话那头焦虑的声音，"胡大姐，我的化验报告出来了吗？阴性还是阳性？阳性能治好吗？我是不是要马上住院？"连珠炮式的问题接踵而至，在一阵耐心安抚和疏导之后，对方才不舍地结束通话。这样的场景已成家常便饭，而通话过后的她却睡意全无。

她是众多艾友的倾听者和守秘人，在获得患者信任的同时，也承受着对方负面情绪带来的心理干扰。每次和患者交流后，悲悯、忧愁、哀伤……胡敏华内心五味杂陈，为了更专业地解决病人及家属的心理问题，同时也为了疏导自己，胡敏华报名参加了心理咨询培训并考取国家二级心理咨询师。她运用心理学知识为因恐"艾"而产生忧郁、自杀倾向的患者建立心理咨询个案 1600 多份，这个鲜活、生动的案例库为她的团队和业内同行提供了翔实的患者心理咨询工作参考。

一提起胡敏华，很多艾滋病患者、感染者都亲切地称她"大姐"。一位与胡敏华相识多年的艾友说："大姐是'中国好人'，用爱和理解帮我们疗伤！"患者 ROMA（化名）说："艾滋不可怕，艾滋也怕爱。正是因为有了大姐的大爱，我才走出阴霾，重塑人生。"

2017 年，为了表彰胡敏华关爱艾滋病人所作出的杰出贡献，英国贝利·马丁基金会将第十八届贝利·马丁奖颁给她，基金会创始人马丁·哥顿先生亲自出席颁奖典礼。江西省卫健委也在全省三地市组织举办胡敏华先进事迹报告会。

"至暗时刻更需要提灯前行者，我们坚守好阵地，也时刻准备奔赴战场！"

她是"网红"护士长，在"云上"搭起生命之桥。随着互联网和移动终端的兴起，胡敏华敏锐地意识到互联网的作用，开始利用网络平台进行线上线下互动。她先后开通"与艾滋病为邻"微博和"与艾滋为邻"微信公众号，创建了几十个艾友交流群，每天同艾友交流、沟通，累计发布抗艾信息 3 万多条，平台关注量达到 7 万多人，阅读量超过 4 亿次，受众遍及全国乃至海外。其中，一篇名为《致秋梅》的微博日志更是温暖了许多艾滋病患者的心，也感动了无数网民，胡敏华由此成为有口皆碑的"最美护士长"。由博文汇编的

《在一起——防艾护士长微博日志》Ⅰ册、Ⅱ册，众多的案例、专业的知识、心灵的浸润，成为 10 多万名艾友及家属的必读枕边书。时任江西省副省长、江西省红十字会会长谢茹为该书亲笔签名，称赞胡敏华"像南丁格尔那样令人敬佩，为世界艾滋病的防治作出了积极贡献"。江西省第一位南丁格尔奖章获得者章金媛为该书题字："感谢你让大家认识了艾滋病，让我们携手为抗艾事业而奉献！"

　　"帮助他人，为他人带来改变，再透过他们去帮助更多的人，是最充实的人生。正所谓助人为乐，乐在其中。"胡敏华的感悟充满了人生智慧。旗帜效应越来越大，为更好地服务艾滋病患者和感染者，凝聚更多的力量携手抗艾，在省市红十字会的指导下，胡敏华发起成立了抗艾志愿服务队。随着志愿服务的深入开展，新的力量不断加入，如今成员已逾千人，其中有医护人员、社会爱心人士，还有许多艾友。胡敏华和她的团队不辞辛劳，为抗艾公益事业东奔西走，走街串巷，广泛开展抗艾健康宣教。她们的足迹已遍布全省 80 多个县市区、100 多所学校、400 多个社区，累计开展群众健康沙龙 300 多场，受众达 10 万多人次。

　　胡敏华是传染病防治战线久经考验的老战士，无论是 2003 年的 SARS，还是 2009 年的甲型 H1N1 流感，在每一次重大突发公共卫生事件的考验面前，她总是主动请缨到防控一线参与救治。

　　2020 年年初，新冠疫情突如其来。胡敏华所在的南昌市第九医院成为医疗救治定点医院，而她也是毫不犹豫地率先请战。在她的带领下，全院 120 多名护士投入抗疫一线战斗，无一人退缩，也无一人感染。随着医院隔离病房、发热门诊接诊流程逐渐顺畅，本地疫情也趋于稳定，胡敏华又再次请战支援湖北。考虑到援鄂医疗队成员大都来自综合医院，急需一名熟悉传染病院感控制、临床护理的专家，上级主管部门同意了她的请求。2020 年 2 月 15 日晚，刚从医院隔离病房走出的胡敏华，没来得及休整，立即作为江西省第七批、南昌市第五批援鄂医疗队员驰援湖北。她说："至暗时刻更需要提灯前行者，我们坚守好阵地，也时刻准备奔赴新的战场！"

心中要有光，才能点亮自己也照亮别人。胡敏华总说："护士是时刻与生命同行的人，要像南丁格尔那样'终身纯洁　忠贞职守'，提一盏灯，照亮一个世界。"33 年护理生涯，1.1 万多个日日夜夜，恍若白驹过隙，从满头青丝到两鬓飞霜，她无怨无悔。

大爱至善，心有猛虎细嗅蔷薇，胡敏华说："值得！"

《江西日报》2021 年 9 月 3 日

爱的呼唤

◎ 祝芸生 张 衍

33 载护理经历，抗艾一线 21 度春秋。你待患者如亲人，患者视你为托付。在一个个黑夜里你把灯火点亮，南丁格尔永远在你心中。

当英雄城第一缕阳光洒进窗户，南昌市第九医院（以下简称"九院"）主任护师胡敏华开始了一天的忙碌。戴上燕尾帽，别好碎头发，扣

◎ 胡敏华投身抗击新冠疫情一线

紧护士服纽扣，不忘将一捋衣襟上细微的褶皱，"走吧，别让病人等着急了。"

胡敏华要去的地方是艾滋病房。

从1981年世界第一例艾滋病病毒感染者发现至今，短短40年间，艾滋病在全球肆虐流行，目前尚未研制出根治艾滋病的特效药物，也没有可用于预防的有效疫苗。艾滋病已成为重大的公共卫生问题和社会问题，引起世界卫生组织及各国政府的高度重视。

而艾滋病房，就是胡敏华每天工作的地方，是她演绎"速度与激情"的战场。寒来暑往，岁月如歌。屈指一数，胡敏华已在艾滋病护理这个特殊岗位默默奉献了21年。

这21年里，她每天身处职业暴露的最前沿；累计救护艾滋病患者2000多名，陪护抚慰"艾友"及家属2万余人次，关爱拯救了无数个濒临破碎的家庭。

她的关怀不是居高临下的同情，也不是隔靴搔痒的安慰，而是把自己置身其中，体味生命的沧桑和人生的苦乐。她与"艾"为邻，用爱温暖了许多"艾友"的心，也感动了无数网友，被大家称为艾滋病患者的"守护天使"。

2021年5月12日，国际护士节，红十字国际委员会公布全球护理界最受瞩目的奖项——第四十八届南丁格尔奖章，胡敏华榜上有名，这是已过天命之年的她继获得第十八届"贝利·马丁奖"，中国南丁格尔志愿服务总队"优秀志愿者"，全国"五一巾帼标兵"等荣誉后获得的又一大奖，她也是江西省第三位获此殊荣者。

人道、博爱、奉献，胡敏华用自己的爱心、耐心、细心和责任心对待照顾每一位"艾友"。山河变换，荣誉等身，素心依旧；繁华褪去，两鬓飞霜，甘之如饴。在艾滋病房，一抹暖阳透过窗棂，映在脸上，落在指尖。

护士必须要有同情心和一双愿意工作的手。

——南丁格尔

九院前身系南昌市传染病医院。1988年，医院正准备开设妇产科。那一年，从卫校刚毕业，学助产专业、正值双十年华的胡敏华被分配到了这里。

对于当年的毕业去向，胡敏华的老师、2022年已经75岁的陈淑英老人至今"耿耿于怀"。

"敏华的学习成绩一直很优秀，毕业时完全可以分配到更好的综合医院，这样对她的发展可能会更好。"陈淑英坦言，让一个20岁风华正茂，本应该跟产妇打交道的小姑娘，去照顾传染病人，在很多人眼里是"亏"了。

彼时，对于肝病、流行性乙型脑炎等传染病的治疗手段有限，疫苗也没有，护理任务重、风险大。

尽管如此，胡敏华表现出超乎年龄的冷静，"这些事总是要有人做的，平常工作的时候多注意些，脏点、苦点不怕什么。"

凭着精湛的技术素养和良好的职业道德，胡敏华赢得了领导、同事和患者的信任与认可。数年间，她服务了多个科室，因为表现出色，1996年被任命为九院妇产科护士长，成为医院有史以来最年轻的护士长。

2000年12月，九院成立江西省艾滋病治疗中心，设立艾滋病门诊。面对潜在的职业暴露风险，加之对艾滋病的恐惧心理，在那个谈"艾"色变的年代，许多人纷纷找各种理由，说一千道一万，就是不愿意去艾滋病门诊。

"我愿意！"一个小女子像大丈夫般站了出来。这个人就是胡敏华。有一首流行歌曲，歌名就叫《我愿意》。歌中唱道："我愿意为你，忘记我姓名……我愿意为你，被放逐天际……"这是一首爱情歌曲，意思是为了心爱的人可以忘掉自己，愿意被放逐到遥远的天际，是有情人之间一种忘我的爱。胡敏华说出"我愿意"这三个字时，心中也有爱，是对医疗护理事业的爱，对患者的爱，是大爱，是博爱。因为这种爱，她愿意舍弃很多东西，愿意被"放逐"到艾滋病门诊这样的"天际"。"我愿意"这三个字，有着温暖的色彩，代表着无私无畏和奉献精神。在不少人眼里，艾滋病房犹如一片沼泽地，充斥着恐怖与阴冷。但是胡敏华的一句"我愿意"，顿时如同三月阳光洒在这片绝地，暖意融融；如同阳光照在广袤的牧场，带给人绿色的希望。胡敏华站出来，人们并不感到意外。

护士站里她的经验最丰富，而且专业素质出众。"艾滋病人不也是病人，不也需要护士的照顾吗？"她肩负起艾滋病门诊首任护士长的重任，从此与艾滋病结下不解之缘。

2010年9月，一位因吸毒感染艾滋病的患者乔，被家人强行送到医院，却坚决不肯配合治疗，他经常举着带血的针头恐吓医生和护士。

面对这样的"问题"病人，大家一筹莫展。偶然有一次，胡敏华去病房看望他的时候，发现他正背着身子打电话，语气却异乎寻常的温柔，仔细一听，电话那头竟是他的孩子。

"其实，每个人的内心都是善良的，每个人的内心都藏着一处最柔软的地方，而乔蛮横的外表下最牵挂的就是儿子。"胡敏华看他打完电话，笑呵呵地站在他身后，告诉他："我也有一个正在上学的儿子，我懂得爸妈的爱对孩子有多重要。可是，我因为工作忙没有太多的时间照顾孩子，而你因为要治病也同样没有时间照顾孩子。儿子不会怪我们，因为儿子知道我们都是在做必须做的事。尤其是你，只要你好好活着，儿子就不会缺失父爱，他就是一个幸福的孩子。"

胡敏华的一番话着实打动了乔，那个平日里很难接近的汉子居然哭了，之后与胡敏华成了知心朋友。

认识胡敏华的人都知道，她身形有些瘦弱，说起话来声音也不高，可很多时候大家发现，她那瘦弱的身躯里散发出一种渗透力极强的光芒，打在你身上，照进你的心底。

一次活动中，一位"艾友"向她抱怨："胡姐，我不吃肉。"胡敏华听了，随手就把他饭盒里的肉夹过来吃了。"艾友"惊呆了："胡姐，我们家里人都不敢这样。"

一点一滴，一言一行，是胡敏华用行动向生命致敬。

"很多难题，总要有人去解决，既然选择了，就要坚持下去。"这种"为患者兜底"的信念，支撑着胡敏华度过抗艾一线的无数日夜，也让我们触摸到医者那颗柔软而坚定的仁心。

你只需要订好计划，准备好地图，鼓起向目标前进的勇气。

——南丁格尔

"在方舱里有一群来自江西的援汉医护人员，还有可爱的护士长胡敏华，感恩你们的付出和勇敢，等春暖花开疫情结束，我请你们吃热干面看樱花。"2020 年 2 月 25 日，来自武汉江汉开发区方舱医院的患者小吴，抑制不住自己的感激之情，用手机发出了这条微博。小吴虽然只在方舱医院住了 4 天，但她早已与胡敏华熟络得像一家人。

"来方舱医院的第一天就是胡敏华接待我入住的，她的态度特别好，隔三岔五就会来问我的状况和需求，让我心里暖暖的。"小吴说，第 4 天，因为心电图结果不好，她要转院治疗。胡敏华听说后安慰她不用担心，"她不断地跟我说要放松心态，为我做心理辅导，前前后后询问病情，真的让我特别感动。"

2020 年年初，一场突如其来的新冠疫情在全国肆虐。疫情牵动着胡敏华的心，得知湖北疫情形势日益严峻，她在大年初二主动递交请战书；2 月 15 日获批参加江西第七批援鄂医疗队，逆风前行，驰援武汉。

"作为一名传染病医院的护理人员，敢为人先、甘于奉献永远是我的职业精神所在，我志愿加入疫情防控队伍。病毒汹涌，疫区就是战场，我时刻准备好了奔赴前线。"

她是传染病防治战线久经沙场的"老战士"。无论是 2003 年的 SARS，还是 2009 年的甲型 H1N1 流感，在每一次重大突发公共卫生事件的考验面前，她总是主动请缨到防控一线参与救治。

在方舱医院，隔离病房有两位资深护士长带队，她完全可以在外面指挥。但疫情之初，形势尚不明朗，发热门诊和隔离病房的很多工作流程都在试运行阶段，许多问题还有待在临战状态下检验解决。一向事必躬亲的她在病房外哪里坐得住，毅然穿起层层防护服冲进了隔离病房。

心急如焚加上连续熬夜，她的嗓子沙哑了，人也消瘦下来，鼻梁和脸颊也被口罩压出深深的痕迹，防护手套中的双手也起了皱。她笑着说："这是抗疫中的最美印记。"

在所有援鄂医疗队中，七成为护士，这是"三分治疗七分护理"的生动写照。新冠治疗棘手，护理更难，平时的"七分护理"到了抗疫期间，更多了几分操劳与沉重。

胡敏华一直充当着"安全员"的角色。每次进入病区前，她都要提醒医护人员必须双人检查、对镜自查、护士长核查，确保安全才能进入病房。出病房时，胡敏华还要仔细检查每名医护人员脱防护用品的每一个动作，确保万无一失。

胡敏华在隔离病房一待就是两周时间。她建立并完善了发热门诊和隔离病房的护士职责流程，将护士取药、取标本，患者转运、体检、餐饮等流程也一一予以规范，还再次完善了应急梯队中护士人力资源调配方案。

在隔离病房，除了做好护理管理与指导，她还多次顶替身体不适的护士倒班，直接护理患者。

方舱医院里的患者来来去去，不断有新面孔出现，但是他们没住多久，都认识胡敏华。因为只要胡敏华当班，她会巡视责任区里的每一个患者，对即将出院的人，她会送上一张自己书写的卡片。

在其中一张卡片上，胡敏华写道："感谢缘分让我们相识！疾病改变了我们的生活，我们还将继续进行这场与无知、恐惧、困难之间的战争。但我们已经比当初学会了不少。强大的心理素质，有时候比药物更有用。"

这熟悉的卡片，胡敏华曾用它鼓励 2000 多名"艾友"，帮助他们点燃生命的希望。如今，胡敏华用它表达着医护人员对新冠患者的关心、鼓励和祝福，传递着江西人民对湖北人民的深厚情谊。"既治病又疗心"，是方舱医院里的患者对胡敏华共同的评价。

在胡敏华的感召下，许多痊愈后的病友自愿捐献血浆，奉献爱心，做爱和希望的传播者。

我们心里想什么，就成为什么样的人。

——南丁格尔

"这两天浏览回复微博私信，已经积压了很多未回复的信息，真的非常抱歉。2020 年开年以来，新冠疫情肆虐，从医院成立隔离病房到驰援武汉 50 多天的时间里，我没有更多的时间和精力花费在 A 友身上，A 友们因为爱护我，也尽量不发私信叨扰我。感谢大家对我的包容和谅解！

许久未联系的 A 友突然微信发来三张我的漂亮画像。这让我很惊喜、感动，终于我也有了穿着防护服的画像了，感恩 A 友！谢谢你们一直在挂念担心我！"——3 月 21 日，驰援后记。

翻看胡敏华的援鄂日记，一字一句，情真意切地记录着她的援鄂经历，也见证着她与"艾友"们的深厚感情。

"大姨和家人交流的时间很少，和病人交流的时间却更多。有时候好几个月没见她面，通过她的微博、微信才知道，哦，今天，她的病房又来了一位新病人，昨天，她又去参加了'艾友'组织的聚餐，还为一位患者排解了心结……"通过胡敏华外甥的介绍，一位有情、有义、有爱，"舍小家为大家"的护士形象，变得愈加清晰和高大。

2003 年，胡敏华爱人发生车祸，左手肘关节开放性骨折，内置钢板后缝了近 50 针，疼得龇牙咧嘴。

可是，医院一声召唤，陪在爱人身边的胡敏华立马又回到自己的工作岗位。当时病房里正住着一位难缠的艾滋病人，这个病人情绪极不稳定，常常拔掉针头攻击护士，胡敏华几乎寸步不离地守在病房，随时处理突发情况。

而躺在另一家医院的爱人，她却没空多照看一眼。直到今天，爱人受伤的左臂还不能正常地伸直，部分功能丧失。胡敏华偶尔在家人面前谈起这事时，眼里分明闪着泪光，她内心其实有着不少酸楚和愧疚。

虽然胡敏华家世代行医，但做艾滋病护理工作的，她还是头一个。起初，胡敏华的母亲也曾强烈反对。她责怪胡敏华不回家吃团圆饭却和"艾友"一起聚餐；从不接送上下学的儿子，却去火车站接外地来的"艾友"……可胡敏华却说："病人面对太多异样的目光，自尊心比一般人更强。你缺席普通人的饭局，可能别人会认为你忙，你缺席艾滋病人的饭局，他们就会觉得你看不起他们。"

直到一件事情的发生，才让胡敏华母亲的思想彻底转变。

2014 年，一位 70 多岁的老人因染上艾滋病被家人遗弃，大年三十的晚上，一个人孤零零坐在病床上抹眼泪。

为了让当班的护士与家人团圆，胡敏华主动顶班。母亲给她送来年夜饭，看到病房里那位老人孤独的身影，觉得分外凄凉。

胡敏华端过母亲送来的饭菜，走到老人身边，一个劲地往老人的碗里夹菜，老人的眼泪止不住地滚落下来。这一幕感染了母亲，她看到女儿在拯救一个老人孤独的心。老人反复地说："你是护士长的妈妈呀，谢谢你哦，生了这么好的女儿。她救了多少人的命啊，我本来也不想活下去的，得了这个病没什么活头了，都是护士长一次次劝我。

那时候我问护士长自己能不能活过一年，结果到现在活了七八年。"

从那以后，母亲不再阻拦胡敏华，而且受她的影响，还加入到志愿服务队伍中来。

随着互联网和移动终端的兴起，胡敏华敏锐地尝试利用网络平台进行线上线下互动，她先后开通"与艾滋病为邻"微博和"与艾滋为邻"微信公众号，创建了几十个"艾友"交流群，每天同"艾友"交流、沟通，累计发布抗艾信息3万多条，微博关注量已超7万人，阅读量超过4亿次，受众遍及全国乃至海外。

由博文汇编的《在一起——防艾护士长微博日志》Ⅰ册、Ⅱ册，一度引起社会强烈反响，成为10多万"艾友"及家属的必读枕边书。其中，一篇名为《致秋梅》的微博日志更是温暖了许多艾滋病患者的心，也感动了无数网民，胡敏华由此成为有口皆碑的"最美护士长"。

一流的护理人员是拥有可被信任的气质，精确的观察力，服务别人的心，主动学习还有我愿意的使命。

——南丁格尔

胡敏华为患者操碎了心，而操心是肉眼看不见的。

一颗心不大，却被分割成千万块，每一块上面都系着牵挂、责任和怜悯，重重地坠在那里，实在承受不住的时候，便掉在地下，发出细微的响声，只有自己听得到。也许，一些细心的患者也可以感受到。

在九院艾滋病门诊一间10多平方米的办公室里，胡敏华每天都要接待一个又一个老病友、新病患，同他们聊病情，话家常。每个人背后都有一段不想为人知的故事，对于他们的信任和疑问，胡敏华既要履行医者的职责，还要用真心去轻抚每一个紧张的神经。用胡敏华的话说："这个小小的房间，承载了太多艾滋病群体的人间冷暖。"

"我的手机中有很多艾滋病患者的电话号码，从最初的几个、几十个，到现在的上千个……"她每天24小时为艾滋病患者开机，就怕患者有急事，因为她知道，每一次安抚、每一个咨询就有可能挽救一位患者的生命。

在胡敏华办公室的隔壁，还有一个艾滋病友心仪的"神秘地方"，没有门牌，也没有具体的诊室标识，却被艾滋病友们所熟知，它有一个暖暖的名字——温馨家园。胡敏华是当之无愧的"家长"。

房间布置得简朴而阳光。靠近门口的一面墙壁上，贴满了一张张五颜六色的心愿签。"加油！一切都会过去的""艾不可怕，没有爱才可怕。开开心心一辈子""阳光总在风雨后"……

在这里，她让所有的患者住院时非但不被歧视，生活在异样目光和重重精神威压之下，相反，她让绝地的阳光穿越浓雾射进他们灰暗的心灵，使他们的内心顿时灿烂高远，使他们仿佛倾听到旷野里真诚的呼唤和高原惠风的欢畅，一种从未有过的求生欲望和生而为人的尊严油然而生，如草原烈火在胸中熊熊燃烧。

蓦地，他们分明地觉得胡敏华就是这个世界上最可信赖的亲人，九院就是他们的家，就是他们柔化烦恼避风的港湾。

正如患者蓝宇在一封感谢信中所写的那样："在大姐面前，一切都很自然。她的眼睛，能看到你心里去。她不会介意我的性取向，聊天中，我得到的是理解和尊重。在她的关爱下，我乐意配合治疗。是她，让我重生了。"

也正如患者 ROMA 所言："艾滋不可怕，艾滋也怕爱。正是因为有了大姐的大爱，我才能走出阴霾，重塑人生。"

绝地逢生，爱是阳光。

为更好地服务艾滋病患者和感染者，凝聚更多人携手抗艾，在省、市红十字会的指导下，胡敏华发起成立了抗艾志愿服务队。随着志愿服务的深入开展，新的力量不断加入，如今成员已逾千人，其中有医护人员、社会爱心人士，还有许多的"艾友"。

生命的意义是什么？是希望。

胡敏华和她的团队不辞辛劳，为抗艾公益事业东奔西走，走街串巷，广泛开展抗艾健康宣教。她们的足迹已遍布全省80多个县、100多所学校、400多个社区，累计开展群众健康沙龙300多场，受众10万多人次……她用爱点燃更多人对生命的希望。

不仅如此，胡敏华还将志愿服务与护理工作不断向外拓展延伸。通过"走出去，请进来"，志愿服务的足迹遍及三明、绵阳、长春、西安、青岛等城市，联合国艾滋病规划署、英国贝利·马丁基金会等机构来院交流指导，志愿者之间相互学习，相互促进，使志愿服务模式得到更好推广。

一个志愿者是一粒微尘，无数微尘汇聚成座座山峰。"艾滋公益，不单是一个人、一个组织的事情，还需要整个社会给予关爱，目前仍然需要加强正面教育并解决歧视问题。"随着社会进步，人们获取知识的途径也多了，胡敏华呼唤更多人在艾滋公益上"结伴而行"。

在她的呼唤下，英国的马丁·哥顿先生来了，带着第十八届贝利·马丁奖，带着世界人民对她护理事业的认可："用热情驱散冰冷，用微笑温暖人心，平凡工作，非凡成就，你是中国乃至世界的光辉榜样。"

在她的呼唤下，第十五届贝利·马丁奖获得者——北京地坛医院艾滋病专家赵红心，第四十四届南丁格尔奖章获得者——北京地坛医院"红丝带之家"护士长王克荣来了，带着对她工作的积极肯定和高度赞赏也来到九院，"你的内心有着真善美，希望我们有机会开展合作，共同致力于艾滋病防治事业。"

在她的呼唤下，江西首位南丁格尔奖章获得者、章金媛爱心奉献团负责人、93 岁高龄的章金媛来了，她专程来为胡敏华鼓劲加油，"你就是南丁格尔，一定要把抗艾之棒薪火相传下去！"

大爱无疆，真情无涯。

33 年护理路，21 年抗艾征程，7000 多个日日夜夜恍若白驹过隙。平凡的岗位，因倾注了大爱变得不平凡；高风险的工作，因有了大爱变得不再恐惧；一个普通的护士，因有了大爱变得如此美丽。

她在"生命禁区"挥舞"红丝带"，为无数病患重新点燃了生命的希望，为每一个生命的尊严站岗，传递人间温情。这种全身心的奉献，完美诠释了南丁格尔精神。

当问及获得第四十八届南丁格尔奖章后的感受时，胡敏华只说了 5 个字："做得还不够。"

一颗仁心，一腔热血，一生博爱。

胡敏华信奉这样一段话："帮助他人，为他人带来改变，再透过他们去帮助更多的人，是最充实的人生。正所谓助人为乐，乐在其中。"

大爱无言，撑起"生命禁区"的一片蓝天。前路漫漫，她和她的团队还将一如既往，义无反顾，执着前行……

（注：文中患者姓名均为化名。）

《江西日报》2021 年 5 月 28 日

胡敏华：在服务中践行南丁格尔精神

◎ 江西省卫生健康委

胡敏华从事临床护理 34 年，坚守艾滋病护理岗位 22 年。她不忘初心，敬业奉献，用自己的一生做灯芯，以"敬佑生命、救死扶伤、甘于奉献、大爱无疆"的精神点燃一盏心灯，在护佑人民生命健康的道路上执着前行。

艾滋病护理战线的一面鲜红旗帜

她参与江西省艾滋病治疗中心的创建，并矢志不渝坚守抗艾一线，每天身处"职业暴露"的最前沿。累计救护艾滋病患者 3000 多名，陪护抚慰艾友及家属两万余人次，关爱拯救了无数个濒临破碎的家庭。采取多种手段和途径，积极向广大群众传播抗艾知识，累计举办讲座 100 余场，健康沙龙 300 多场。

她组建"温馨家园"抗艾志愿服务团队，发展志愿者近千名，累计志愿服务超过 1 万多小时，服务群众 10 万多人次。组织志愿者开展心理咨询、健康指导，定期举办健康沙龙、生日会，不定期进行家庭访视、电话回访，让"温馨家园"成为真正属于艾友的"家"。她创立了医院（Hospital）—疾控（CDC）—家庭（Home）—志愿者（Volunteer）HCHV"四位一体"无缝链接的志愿服务新模式，充分利用家庭与社会资源，将志愿服务从院内延伸到了院外，将医患沟通、社会交流拓展为线上与线下的互动，通过志愿服务引领并推动全社会艾滋病防治工作的有效开展。

艾滋病患者尤其是新感染者因恐惧与绝望而普遍心生纠结，他们不敢告知家人，也无法向他人倾诉。为了不错过任何一个可以挽救生命的信号，胡敏华每天随时保持电话畅通。这条"生命热线"，挽救过一心求死的青年，支撑过濒临崩溃的家属，宽慰过极度恐惧的疑似患者。20 多年来，她的手机已储存了 1000 多位患者的电话，"生命热线"从来没有中断过一分钟。她开通"与艾滋病为邻"微博和"与

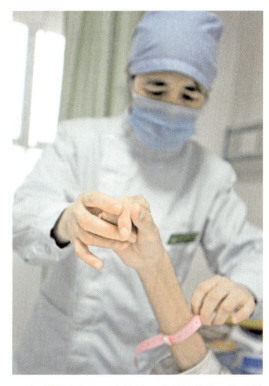

◎ 与艾滋病人零距离接触，是胡敏华的工作日常

艾滋为邻"微信公众号，坚持每天帮助病人协调、应对可能出现的各种难题、危机，回答、解决网友各种问题和求助，目前微博粉丝已超过 7.3 万人。同时，还创建病人微信群方便交流，接受她心理疏导干预的艾友遍布全国各地甚至海外。

为了将艾滋病知识传播给大众，用"红丝带"的力量，将更多有爱心的人联系在一起共同抗艾，多年来，胡敏华和她的团队成员不辞辛劳，走街串巷、入企进校，广泛开展抗艾宣传和健康教育。利用休息时间，她们走进全省各地疾控、基层医院开展艾滋病人互助活动，进行全省艾防志愿者培训项目、艾滋病反歧视宣传；走进全省各大高校进行防艾知识宣传讲座，针对高校学生开展志愿者培训，提高高校学生艾滋病防治知识水平，发动学生志愿者群体积极参与艾滋病防治工作，减少疾病蔓延，凝聚各界力量推动全社会给予艾滋病人更多的关怀与支持；她的足迹已经遍布全省 11 个设区市的 60 多个县、100 多所学校、400 多个社区，累计开展群众健康沙龙 300 多场，受众 10 万多人次。

胡敏华还积极与社会公益组织建立联系，通过嫁接更多人道资源，先后为艾滋病人筹集"温暖包"等捐助物资价值 50 万余元。2017 年，她将获得的第十八届贝利·马丁奖的 10 万元奖金全部捐出作为志愿服务基金。

红十字志愿服务的一个崇高典范

胡敏华组建的抗艾志愿服务队不单为艾滋病感染者和患者服务，还针对社区孤寡老人、残疾人等弱势人群开展社区志愿服务。在周边多个社区，以胡敏华为首的志愿者与居民结成帮扶对子，不定期上门开展家庭保健服务。

南昌市九九颐家养护中心是胡敏华团队开展院外志愿服务的一个定点服务站。她充分发挥志愿者的护理专长和医院的优势医疗资源，结合养老机构需要，建立起集医疗—护理—康复—健教—养护"五位一体"的医养结合护老志愿团队成员一起探讨治疗方案服务新模式，为护养中心的 100 多位老人建立健康档案，开展养护志愿服务。胡敏华志愿服务队成员分成五组，每组与 20 多位老人结成帮扶对子，每周一次到养护中心为老人检查身体，带领老人做康乐操，指导中心工作人员为老人进行医疗保健。对有医疗需求的老人，胡敏华协调医院急诊科与养护中心建立绿色通道，为行动不便的老人提供上门服务，填补了养护中心医疗资源欠缺的短板，为老人们提供了坚实的健康安全保障。

2018 年 4 月 3 日，胡敏华以江西省红十字会首批"莲丝信使"的身份，郑重签下登记卡，成为一名遗体器官捐献志愿者，毫无保留地奉献自己的一切。同年 6 月，被评为首届江西省红十字"博爱大使"。

疫情防控战役中的一位无畏"逆行者"

胡敏华所在的南昌市第九医院是新冠患者医疗救治定点医院。随着湖北疫情形势的日益严峻，胡敏华毅然向医院党委递交请战书，申请上最艰险的战场。2020 年 2 月 15 日，刚从医院隔离病房走出的胡敏华，还没来得及休整一天，就接上级指令奔赴湖北武汉驰援。

2022 年 3 月，新冠病毒再次突袭南昌，胡敏华又一次进入医院隔离病房，站在了抗疫第一线。近两个月的时间里，她和团队 400 多名队友坚守在隔离病房一线，在医疗救治、心理干预、人文关怀等方面服务病患，为南昌打赢疫情防控阻击战作出了积极贡献。

无论是临床护理、防艾抗疫，还是志愿服务、人道救助，胡敏华都秉承"南丁格尔"精神，以崇高的使命感和高度的责任心，谱写着博爱诗篇，诠释着奉献人生。

《健康中国观察》2022 年第 9 期

高琪：只为天下无"疟"

◎ 沈大雷　李　伟

2021 年 6 月，对于江苏省血吸虫病防治研究所原所长、研究员高琪来说意义非凡。这个月，世界卫生组织发布公告，中国正式获得消除疟疾认证。也是在这个月，高琪以其在防治疟疾领域的突出成就，当选"中国好医生、中国好护士"月度人物。

作为一名抗疟"老兵"，高琪领衔提出的消除疟疾"1-3-7"策略被世卫组织向全球推广；他挽救过超 200 名危重恶性疟患者的生命，还曾远赴 20 多个非洲国家指导疟疾防控……1983 年，高琪从大学毕业时，全国仍有近 300 万疟疾感染者。当时他就有个梦想："把300 万降到 0，这就是我从事这一工作的目标。"而今，他终于心愿得偿。

接下一场场"硬仗"

9 月的无锡，秋意渐浓，位于太湖之滨的江苏省血吸虫病防治研究所，桂花飘香，丹枫初染，景色美不胜收。已经退休多年的高琪，看着这儿的一草一木，眼神里满是深情。

"前几年，高所一直坚持上班。这两年由于疫情原因，他来的次数少了，但他的工作从未间断，就像不曾离开过一样。"江苏省血吸虫病防治研究所副所长曹俊说。

尽管已从江苏省血吸虫病防治研究所所长位置退休多年，高琪依旧担任着世卫组织疟疾顾问、国家消除疟疾技术专家组组长、国家重症疟疾救治专家组副组长，他的每个"头衔"都与疟疾有关。

2002 年，高琪主持"全球基金中国疟疾控制申请项目"，连续3 个月不分昼夜地收集资料、改写中英文文本，最终顺利为我国疟疾防治工作争取到宝贵的经费支持，而他却因过度劳累，头发全部掉落，几近"光秃"。

自 2010 年中国启动消除疟疾行动计划以来，结合江苏省消除疟疾行动的实践，高琪带领团队在国内外首次提出，消除疟疾阶段"1-3-7 新模式"，即 1 天内完成疫情网络报告，3 天内完成病例复核和流行病学个案调查，7 天内完成疫点调查和处置。

随后，该模式在全国推广，成为我国 2020 年实现消除疟疾目标的关键技术措施和考核指标，被世界卫生组织写进技术指南推广。

2020 年 11 月，我国向世界卫生组织提交了消除疟疾认证申请，这是高琪接下的又一场"硬仗"。从消除疟疾书面材料的准备、起草和提交等各个环节，到世界卫生组织的考核，高琪全程参与。"整个报告的中文版有 150 页、8.5 万字，英文版 170 页，高所逐章逐节提出撰写建议，并亲力亲为对关键章节逐字逐句修改。"曹俊对记者说。

2021 年 6 月 30 日，中国正式获得世界卫生组织消除疟疾认证。

在这一我国公共卫生领域具有里程碑意义的时刻，高琪特别欣慰："做事情，总要有始有终。我从事一辈子的工作有了一个圆满的结果！"

"蚊子一飞就能看出雌雄"

高琪对蚊子的研究堪称"世界级"。在江苏省血吸虫病防治研究所，经他指导建立的养蚊室蚊种传代已达 600 多代。有人说："蚊子只要从他面前飞过，他就能判断是雌还是雄，是什么品种。"

蚊子是疟疾传播的主要媒介，而按蚊是最主要的传播蚊种。为掌握第一手资料，高琪长期扎根在艰苦的疟疾防治一线，经常是"晴天一脸灰，雨天一身泥"。

◎ 高琪在养蚊房工作

20 世纪八九十年代，每年夏天疟疾流行季，高琪都会深入边远贫困乡村蹲点，白天到田间地头，挨家挨户进行疟情调查，夜里通宵达旦在农民坑头及猪圈捕捉蚊子，研究蚊子种类、密度和生态习性。常人怕蚊子叮咬，而他却常用自己的身体诱捕蚊子。有一次，他一夜就捕捉了 200 多只吸血蚊子标本，身上也被蚊虫叮咬，过敏红肿。

"你们真不容易，从城里专程赶来帮我们。"村里年长的人感慨地说。

"尽管在村里很艰苦，但听到这个，心里却很美。"那一刻，高琪心中的自豪感油然而生。长期在农村地区蹲点，高琪默默许下心愿：要用最好的疟疾防治技术，帮助百姓从疟疾的水深火热中解脱出来。

1991 年，高琪作为世界卫生组织访问学者，赴泰国国立玛希隆大学和澳大利亚昆士兰医学研究所学习和进修疟疾免疫学和分子生物学。他的勤奋和敬业打动了昆士兰医学研究所的导师，导师向他抛出了橄榄枝——希望他留下攻读博士学位。

高琪婉拒了，他说，寄生虫病长期以来一直危害着我国人民的健康，回国更能实现自己的价值。为了能把学到的技术用于国内的研究，他用节衣缩食省下来的 2000 多美元购买了国内急需的试剂、仪器和资料。因为行李超重，他在上飞机前把自己的衣物等个人物品全部扔掉，带着购买的试剂、仪器和资料回国后，无偿交给了所里。

"作为一个科研工作者，要热爱自己的国家，热爱这份事业，要将自己的抱负、事业和为国家社会服务联系起来。"高琪这样说。正是这份赤诚之心，让高琪取得了许多重要研究成果：他采用新的按蚊基因鉴别技术，首次在中国以外发现嗜人按蚊的存在；采用新的抗药性恶性疟基因鉴别技术，为排除我国首例报告的"埃博拉病毒出血热"提供了关键的实验室诊断依据……

"现在还没到停下来的时候"

"在有些人看来，我国消除疟疾就不会有人得疟疾了，这其实是误区。"曹俊说，近年来，从境外感染疟疾之后回国发病的病例仍然层出不穷。

在新冠疫情暴发前，全国每年有 2000 余例疟疾输入性病例，而江苏作为出国务工人员较多的省份，每年有三四百例输入性病例。

"由于国内病例逐渐减少，一些地方的医生常常不能及时诊断，或者诊断后不知道怎么治疗，这也成为我国疟疾患者救治面临的一个新问题。"曹俊说。

长期的一线工作经历，扎实的实验室病理研究功底，让高琪成为疟疾防治和救治的"双料"专家。作为国内重症恶性疟救治专家，他曾成功救治 2007 年甘肃武威群体性国外输入恶性疟病例、处置 2010 年四川疟疾预防服药中毒事件等。

"恶性疟疾往往发病很快，遇有危重病例的求助信息，我们常常请高所'出马'，不少次都是连夜赶往救治现场。"江苏省血吸虫病防治研究所疟疾室主任朱国鼎说，2017 年 11 月，淮安市上报一例从非洲几内亚务工回国的恶性疟病例，患者在医院昏迷多日，病情危在旦夕。

得知消息，高琪紧急赶往淮安会诊，指导当地及时调整抢救方案。在多方共同努力下，该患者经历了长达 5 天的昏迷后，终于苏醒过来，各项生命体征逐渐恢复。

30 多年的"抗疟"生涯，高琪几乎跑遍了国内每个疟疾流行的省份。截至目前，他累计成功救治 200 多名危重恶性疟患者的生命，其中一例患者在昏迷 21 天后抢救成功。

"如果疟疾一天不在世界上完全消失，输入性的风险就存在一天。从这个角度看，帮助国外抗击疟疾，也是在帮我们自己。"高琪十分关注国外的疟疾防治情况，他曾受国家派遣，先后赴非洲 20 余个国家进行疟疾技术培训，指导援非疟疾防治中心建设等；六赴朝鲜控制疟疾，为疟疾防治和研究作出了中国贡献。

其中一次，他作为我国主要疟疾防治专家前往非洲，为我国首个援非疟疾防治中心的建设进行技术指导。从指挥工人铺设管道、安装水槽，到亲自安装调试电脑、测试实验数据，经过连续两天两夜的紧张工作，终于圆满完成实验室建设任务。

"对非洲有关人员进行抗疟培训，是有效控制非洲疟情的重要途径之一。"高琪说，在非洲的不少发展中国家，疟疾仍在肆虐，再加上目前全球新冠疫情尚未得到有效控制，也给输入性疟疾防控带来新的严峻挑战。

"如果有一天，由于国外输入，疟疾再度反弹了怎么办？防止输入再传播，仍然任重道远。"这成为高琪的隐忧，也是他继续坚持下去的理由和动力。

高琪说，目前，对于疟疾消除后的"防止输入再传播"，全球都缺乏经验，我国采取了"及时发现、精准阻传"的策略，但如何"科学合理、经济有效"地做下去，形成一个类似"1-3-7 模式"的防止输入再传播的精准阻传模式，是他一直在思考和探索的事。"我的工作还没到停下来的时候！"

《健康报》2021 年 9 月 28 日

高琪：一生只为防一病

◎吴梦娜　江紫文

说到疟疾，很多人对这个疾病已有些陌生。但它曾是我国流行历史最久远、影响范围最广、危害最严重的传染病之一。经过几代疟防人的不懈努力，直到 2020 年，我国实现了消除疟疾的目标，并于 2021 年通过世界卫生组织消除疟疾认证，终结了疟疾在我国肆虐数千年的历史。

在众多疟防人中，有这样一位江苏人，他扎根疟疾防治及科研一线逾 30 年，主持制定多项疟疾防治国家和行业标准，走遍全国各地指导重症恶性疟救治、赴 20 多个疟疾流行国家指导疟疾控制和技术培训，他就是 2022 年全国"最美医生"，江苏省血吸虫病防治研究所原所长、研究员高琪。

不畏艰难　扎根国土

历史上，疟疾是最为凶险的传染病之一，染上疟疾，死亡率极高。我国曾是疟疾流行严重国家，年发病人数曾超过 3000 万。高琪说："1983 年，我从学校毕业时全国仍有 300 万病例，我当时就有个梦想，要把这个数字降到零，这成了我奋斗的目标。"

作为从事疟疾现场防治的专家，高琪长期在农村地区从事疟疾防治工作，深入边远贫困乡村进行调查研究，经常是晴天一脸灰，雨天一身泥。每年夏天疟疾流行季，他都会深入乡村蹲点，白天到田头、村边挨家挨户进行疟情调查，夜里通宵达旦，在农民坑头甚至猪圈捕捉蚊子、研究蚊子种类、密度和生态习性，并以自己身体作诱饵进行蚊媒监测，以观察蚊子的活动情况和叮咬高峰。有一次，他一夜就捕捉了 200 多只吸血蚊子标本，身上也因被蚊虫叮咬，过敏红肿。

蚊子，是传播疟疾的主要媒介，30 多年的研究，使高琪对蚊子了如指掌。有人说，"蚊子只要从他面前飞过，他就能判断是雌还是雄，是什么品种。"在江苏省血吸虫病防治研究所，经他指导建立的

◎ 高琪向参加 RBM（遏制疟疾合作伙伴关系）会议代表介绍江苏疟疾防治情况

养蚊室蚊种传代已达 600 多代。

高琪采用新的按蚊基因鉴别技术，首次在中国以外发现嗜人按蚊的存在，打破了嗜人按蚊仅存在于我国的传统观点；采用新的抗药性恶性疟基因鉴别技术，为排除我国首例报告的"埃博拉病毒出血热"提供了关键的实验室诊断依据。

2010 年以来，高琪全程参与国家消除疟疾行动计划的制订和实施。高琪和专家团队结合疟原虫特性，总结出了以"线索追踪，清点拔源"为核心的"1-3-7"消除疟疾新策略，并自 2013 年起在全国推广，2015 年成为国家消除疟疾策略。该策略已被世卫组织作为消除疟疾的"中国方案"纳入消除疟疾技术指南，并向全球推广应用，目前已有亚洲、非洲和南美洲等多个疟疾流行国家将其作为本国消除疟疾策略。

2020 年 11 月，中国向世卫组织提交消除疟疾认证申请，高琪全程参与材料起草和提交、世界卫生组织考核等过程，逐章逐节对申请报告提出撰写建议，对关键章节逐字逐句修改。

最终，2021 年 6 月 30 日，中国正式获得世卫组织消除疟疾认证。

得知这一消息的高琪激动地说："中国有 3000 年疟疾流行史，年发病病例数曾超过 3000 万，经过几代人几十年不懈努力，实现了从 3000 万降到 0。我感到非常激动，也非常自豪。"

援外抗疟　心怀天下

作为我国公共卫生领域为数不多的重症疟疾救治专家，高琪多次受卫生部委派赴内蒙古、宁夏、广西、四川等省指导重症恶性疟救治，成功挽救超过 300 位恶性疟危重病人的生命。同时，他通过经验交流和学术讲座等形式，讲解重症疟疾致病机理、并发症原因和新型青蒿素类药物特点和使用规范，提高了当地临床医生的重症疟疾诊治技能。

在高琪看来，一个人成为专家并不值得骄傲，能培养和指导更多的人成为专家才更有意义。近年来，在全国疟疾总体疫情逐年下降、输入性疟疾发病及死亡病例却逐年增加的情况下，他更是格外注重在各种公开场合宣传和介绍疟疾防治知识，致力于提升全社会特别是各级医疗人员对疟疾防治的认识和专业水平。

目前，中国的疟疾防治已经从控制走向消除，但在一些国家，特别是非洲地区国家，疟疾依然严重威胁着当地人生命。高琪说："对非洲有关人员进行抗疟培训，是有效控制非洲疟情的重要途径。对非培训一定要真诚、用心、有特色。"他始终以科学、严谨、细致的态度认真组织教学，受到所在国及受训学员一致称赞。

2002 年，他赴马达加斯加、肯尼亚和喀麦隆，为非洲 35 个国家卫生部官员进行疟疾防治培训。2006 年，高琪前往非洲，对我国首个援非疟疾防治中心的建设进行技术指导。他指挥工人铺设管道、安装水槽、购买家具、配置仪器，并亲自安装调试电脑，测试实验数据。经过连续多日的紧张工作，援非抗疟实验室的室内建设终于完成。至今，高琪已累计培训来自 50 多个国家的 1700 多名学员，先后赴 20 余个疟疾流行国家进行技术培训并指导援非疟疾防治中心建设。如今，每逢他到非洲国家，总会有来华培训归国后的"学生"，老远便大叫着"Professor Gao"，向他致意。

医者仁心　一往无前

身为公共卫生人员，高琪虽然不是临床医生，但在疟疾救治方面，他是一位值得信赖的"名医"，尤其是在重症恶性疟的诊断与救治方面，更是国内的权威。

高琪曾多次受卫生部派遣赴边远地区抢救恶性疟危重病人。2005 年西藏林芝突发疟疾疫情，高琪受命率专家组赶赴西藏，在疫情处置过程中，他不顾高原反应夜以继日工作，首次证实在西藏存在恶性疟疾传播，并通过走访调查为西藏的疟疾防治提供了关键性的流行病学资料。

2010 年，宁夏一批出国务工人员归国后，大部分人出现发烧高热症状，当地医疗机构诊断怀疑为恶性疟疾并向上级卫生部门求助，接到卫生部通知后，高琪立即赶赴宁夏，指导救治组科学制定救治方案，根据病人病情变化不断调整方案。高琪还迅速组织开展流行病学调查和疫源地调查，及时获知该批工人中不少人在国外有感染疟疾的经历，于是立即采取相关措施，有效防止了疫情的扩散和蔓延。

2011 年 4 月 25 日，高琪接到无锡市疾控中心电话，无锡市人民医院收治的一例外籍重症恶性疟疾患儿病情危急，患者父母已考虑放弃治疗。接到电话后，高琪立即携带特效抗疟药物赶赴医院指导抢救。这位来自莫桑比克的患者只有两岁多，病情严重，高琪仔细计算青蒿琥酯用量并制订了治疗方案。原本病危的患者，经过 10 多天治疗后痊愈出院。

2013 年，高琪到了退休年龄，但为了消除疟疾这一目标，他退而不休，继续发挥余热。高琪说："尽管我国从 2016 年后就没有本土疟疾病例，但每年仍有境外输入几千例。在全球，每年甚至有几十万人死于疟疾，消除疟疾永远没有松口气的那一刻。"

谈及未来奋斗方向，高琪表示，国内实现消除疟疾后，如何巩固成果、防止输入再传播是他目前最关心的事。同时，帮助其他国家抗击疟疾，这实际上也是帮我们自己。"我们要以中国消除疟疾的经验为例，以世界卫生组织的相关文件为指南，结合各国实际情况制定策略与方法，最终让各国用上真正适合本国、可用的疟疾防治策略，打造人类命运共同体。"

中国江苏网 2022 年 8 月 17 日

高琪：防治疟疾是我毕生唯一的工作

◎ 沈大雷

近年来，随着人们生活水平的提高，疟疾已经逐渐淡出人们的视野。但我国曾是疟疾流行严重的国家，年发病人数曾超过3000万。有一个人曾说："防治疟疾是我毕生唯一的工作，直到消除。"他扎根疟疾防治及科研一线逾30年，领衔提出的消除疟疾"1-3-7"策略被世卫组织向全球推广，曾挽救300多名危重恶性疟疾患者生命，也曾远赴20多个疟疾流行的国家指导疟疾防控……他就是江苏省血吸虫病防治研究所原所长、研究员高琪。

消除我国疟疾是我一生工作的目标

"前几年，高所一直坚持上班。这几年由于疫情原因，他来的次数少了，但他的工作从不间断，就像不曾离开过一样。"说起高琪，江苏省血吸虫病防治研究所副所长曹俊说。

　　尽管已从江苏省血吸虫病防治研究所所长位置退休多年，69 岁的高琪依旧担任着世界卫生组织疟疾顾问、国家消除疟疾技术专家组组长、国家重症疟疾救治专家组副组长，每个头衔都与疟疾有关。

　　高琪说："新中国成立前，我国疟疾感染人数每年高达 3000 万，在我 1983 年大学毕业时，全国仍有近 300 万感染者，我当时就有个梦想，把 300 万降到 0，这就是我从事这一工作的目标。"

　　这份使命感成为支撑高琪前行的灯塔。2002 年，他代表国家主持全球基金中国疟疾控制申请项目，连续 3 个月不分昼夜地收集资料和改写中英文文本，最终顺利为我国疟疾防治工作争取到宝贵的经费支持，而他却因劳累头发全部掉落几近光秃。

　　自 2010 年中国启动消除疟疾行动计划以来，结合江苏省消除疟疾行动的实践，高琪带领团队在国内外首次提出消除疟疾阶段"1-3-7 新模式"，即 1 天内完成疫情网络报告，3 天内完成病例复核和流行病学个案调查，7 天内完成疫点调查和处置。该模式及其实践在全国推广，成为我国 2020 年实现消除疟疾目标的关键技术措施和考核指标，被世界卫生组织写进技术指南推广。

　　2020 年 11 月，我国向世卫组织提交了消除疟疾认证申请。这是高琪接下来的又一场"硬仗"。从消除疟疾书面材料的准备、起草和提交等各个环节，到世界卫生组织的考核过程，他全程参与。"整个报告的中文版有 150 页、8.5 万字，英文版 170 页。高琪逐章逐节提出撰写建议，并亲力亲为对关键章节逐字逐句修改，奔波出差、加班熬夜都是常事。"曹俊说。

　　高琪长期在世界卫生组织担任疟疾顾问的经验，也在此次认证评估中发挥了重要作用。"我们在制定省级消除疟疾评估标准时，要

◎ 高琪与外籍学员交流

求尽量与世界卫生组织的一些关键指标和方法接轨。"高琪说，与世卫标准"完美接轨"的评估材料，赢得了世卫专家的认可。

2021年6月30日，世界卫生组织发布公告，中国正式获得消除疟疾认证。在这一我国公共卫生领域具有里程碑意义的时刻，高琪热泪盈眶地说："做事情总要有始有终。我从事一辈子的工作有了一个圆满的结局！"

帮助百姓摆脱疟疾是我最大的心愿

高琪对蚊子的研究堪称是"世界级"，在江苏省血吸虫病防治研究所，经他指导建立的养蚊室蚊种传代已达600多代，"蚊子只要从他面前飞过，他就能判断是雌还是雄，是什么品种。"

"蚊子是疟疾传播的主要媒介。"高琪说，世界上共有2000多种蚊子，但并非所有蚊子都传播疟疾，按蚊是最主要的传播蚊种。为掌握第一手资料，他长期扎根在艰苦的疟疾防治一线，经常是晴天一脸灰，雨天一身泥。

20 世纪八九十年代，每年夏天疟疾流行季，高琪都会深入边远贫困乡村蹲点，常常白天到田头、村边挨家挨户进行疟情调查，夜里通宵达旦在农民坑头及猪圈捕捉蚊子，研究蚊子种类、密度和生态习性。常人怕蚊叮，而他却常用自己的身体诱捕蚊子，有次一夜就捕捉了 200 多只蚊子标本，身上也被虫蚊叮咬得过敏红肿。还有一次，高琪在村里调查病人，眼看就要下大雨了，周围的同志劝他赶快离开，村内全是黏土路，一旦下雨就出不去了，但是高琪依旧坚持调查完最后一个遗漏的病人才离开。这时突遇暴雨，为了使车辆不陷在村里，高琪和其他同志一起赤脚冒着大雨推车走了近 3 公里，当地村民也拿着铁锹上前协助。"你们真不容易，从城里专程赶来帮我们，就像当年的新四军一样。"村里年长的人感慨地说。"尽管当时淋得像落汤鸡，但听到这个评价心里却很美。"那一刻，高琪心中的自豪感油然而生。长期在农村地区蹲点的经历，百姓的质朴和善良，让高琪默默许下心愿：要用最好的疟疾防治技术，帮助百姓从疟疾的水深火热中摆脱出来。

1991 年，高琪作为世界卫生组织访问学者赴泰国国立玛希隆大学和澳大利亚昆士兰医学研究所学习和进修疟疾免疫学和分子生物学。为了能够在短时间内尽可能掌握更多的新知识和新技术，他狠下功夫，泡图书馆啃书本、查资料，进实验室勤操作、苦钻研，通宵达旦、枕书而眠是常有的事。当时不少留学生和访问学者留在国外继续发展，高琪却说："我从事疟疾防治研究，国内有疟疾流行，回国更能实现自己的价值。"为了能把所学到的技术用于国内的研究，他用节衣缩食省下来的 2000 多美元购买了国内急需的试剂、仪器和资料。因为行李超重，他在上飞机前把自己的衣物等个人物品全部扔掉，带着购买的试剂、仪器和资料回国后，无偿交给了所里。"作为一个科研工作者，要热爱自己的国家，热爱这份事业，要将自己的抱负、事业和为国家社会服务联系起来。"高琪这样说。

正是这份对疟疾防治事业的赤诚之心，让高琪取得了许多重要研究成果：他采用新的按蚊基因鉴别技术，首次在中国以外发现嗜人按蚊的存在；采用新的抗药性恶性疟原虫基因鉴别技术，为排除我国首例报告的"埃博拉病毒出血热"提供了关键的实验室诊断依据。

做好输入性疟疾防控是我的新使命

实现消除疟疾后，如何巩固成果、防止输入再传播是高琪最关心的事。尽管我国从 2016 年后就没有本土疟疾病例，但全球每年仍有几亿人感染疟疾，几十万人死于疟疾。"我国每年有几千例境外输入的疟疾病例，消除疟疾永远没有松口气的那一刻。"高琪说。

由于国内病例逐渐减少，一些地方的医生常常不能及时诊断，或者是诊断后不知道怎么治疗。这也成为我国疟疾患者救治面临的一个新问题。长期的一线工作经历，扎实的实验室病理研究功底，让高琪成为疟疾防治和救治"双料"专家。作为国内重症恶性疟救治专家，他曾成功救治 2007 年甘肃武威群体性国外输入恶性疟病例、处置 2010 年四川疟疾预防服药中毒事件等。

"恶性疟疾往往发病很快。遇有危重病例的求助信息，我们常常请高所'出马'，不少次都是连夜赶往救治现场。"江苏省血吸虫病防治研究所疟疾室主任朱国鼎说，2017 年 11 月，淮安市上报一例从非洲几内亚务工回国的恶性疟病例，患者在医院昏迷多日，生命危在旦夕。得知消息，高琪紧急赶往淮安会诊，指导当地及时调整抢救方案。在多方共同努力下，该患者经历了长达 5 天的昏迷后，终于苏醒过来，各项生命体征逐渐恢复正常。30 多年的"抗疟"生涯，高琪几乎跑遍了国内疟疾流行的各个省份，截至目前，他累计成功救治 200 多名危重恶性疟疾患者的生命，其中一例患者在昏迷 21 天后抢救成功。

"如果疟疾一天不在世界上完全消失，输入性的风险就存在一天。从这个角度看，帮助国外抗击疟疾，也是在帮我们自己。"高琪十分关注国外的疟疾防治情况，他曾受国家派遣先后赴非洲 20 余个国家进行疟疾技术培训和指导援非疟疾防治中心建设等，六赴朝鲜控制疟疾，为疟疾防治和研究作出了中国贡献，被国际友人称为"疟疾克星"。其中一次，他作为我国主要疟疾专家前往非洲，为我国首个援非疟疾防治中心的建设进行技术指导，从指挥工人铺设管道、安装水槽，到亲自安装调试电脑、测试实验数据，经过连续两天两夜的紧张工作，终于圆满完成实验室建设任务。"对非洲有关人员进行抗疟培训，是有效控制非洲疟情的重要途径之一。"高琪说，由江苏省血吸虫病防治研究所承办的援外培训项目，他主动申请担任培训班主讲教师，累计培训来自 50 多个国家的 1700 多名学员，"对非洲有关人员培训一定要真诚、用心、有特色。要拿人家听得懂的话，听得懂的术语去介绍中国经验。如果简单地将中国经验复制，就常会遭遇挫败。"

　　"尽管我国实现了消除疟疾目标，但疟疾防控还远没到'刀枪入库、马放南山'的时候。"高琪说，"在非洲的不少发展中国家，疟疾仍在肆虐，再加上目前全球新冠疫情尚未得到有效控制，也给输入性疟疾防控带来新的严峻挑战。如果有一天，由于国外输入，疟疾再度反弹了怎么办？防止输入再传播，仍然任重道远。"这成为高琪的隐忧，也成为他继续坚持下去的理由和动力。高琪介绍说，目前，对于疟疾消除后的"防止输入再传播"，全球都缺乏经验，我国采取了"及时发现、精准阻传"的策略，但如何"科学合理、经济有效"地做下去，形成一个类似"1-3-7模式"一样的防止输入再传播的精准阻传模式，是他一直在思考和探索的事，"我的工作还没到停下来的时候！"

《健康中国观察》2022年第9期

2022 最美医生

管向东

管向东"出征":
疫情就是命令

◎ 徐弘毅

穿上白大褂，将党徽庄重佩戴在胸前，是中山大学附属第一医院重症医学科主任管向东的习惯。

新冠疫情发生以来，管向东先后 13 次奔赴湖北、黑龙江、新疆、辽宁、云南等局部疫情聚集性发生地，累计奋战 300 余天，为阻击疫情、救治重症患者作出了贡献。

"人民至上、生命至上。疫情就是命令，我们医务人员义无反顾。"他说。

1988 年，管向东开始从事重症医学工作。当时，这一领域的工作在我国尚处于起步阶段。"重症医学主要研究危及生命的疾病状态发生和发展规律，重症医生不仅是看病，更是救命。"

在广州，他带领中山大学附属第一医院重症医学科从无到有、从小到大、从弱到强，一步步将该院重症医学科打造成国内有影响力的重症医学学科之一。"大家怀着强烈的责任感，立志一定要把我国的重症医学发展起来。"管向东说。

辛勤的努力收获可喜成效。1991 年之前，中山大学附属第一医院普通外科合并循环、呼吸、肾脏等器官功能衰竭的重症病人死亡率在 90% 以上。随着重症专业的建立和完善，到 1994 年，该院普通外科的重症病人救治成功率达到 90% 以上。

奋斗的日子里，管向东向党组织递交了入党申请书。他郑重表达心声："我热爱伟大的中国共产党和我们伟大的祖国，热爱医学事业，希望用自己的专业知识和勤奋的劳动，为祖国的富强、人民的健康贡献力量。"1997 年，他光荣加入中国共产党。

2020 年年初，新冠疫情在武汉暴发。管向东接到通知，以国家医疗救治组专家的身份在广州待命，准备驰援武汉。他意识到，疫情中通常会有一定比例的重症病例，如果发病基数大，需要救治的重型、危重型病例会很多。

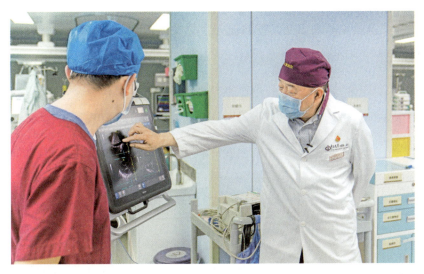

◎ 2021 年 7 月 26 日，管向东（右）在中山大学附属第一医院重症医学科开展工作

"新冠阻击战迫切需要大批重症医学专业医护人员奔赴一线。"作为中华医学会重症医学分会主委，管向东认真起草了一封致全国重症医学专业同道的倡议书，并交中国医师学会、中国病理生理学会相关专家商议，大家一致赞成并签下名字。

这封倡议书发出后得到广泛响应。相关数据显示，驰援湖北的4.26万名医护人员中，1.9万名为重症专业医护人员。

援鄂期间，管向东每天工作十几个小时，不仅驻点雷神山医院，而且转战武汉多个重症收治点重症病房、湖北各基层市县疫情定点医院和重症病房。他受命组织编写的"重型、危重型新冠病人诊疗方案"由相关部门下发全国各地，作为临床重症新冠患者救治的依据。

援鄂60多天回到广州后，管向东仅休整了3天就接到新任务，赶赴3700公里外的黑龙江省支援抗疫。此后2年，他又先后奔赴东北、西北、西南、华南、华中、华东参与抗疫。

"这是党和国家交给我的任务，每次出征从第一天到最后一天，都必须尽自己的能力完成好每一项工作。"他说。

经历重大疫情考验，管向东对重症医学有了更深的体会。他说："重症医学在重大公共卫生事件、灾难等大规模人群伤害中，承担着降低死亡率的重要使命。我将为之不懈努力。"

新华社广州 2022 年 6 月 30 日电

管向东：重症病人的"守护神"

◎ 谢小杭

身穿白大褂，头戴绣有"党员管向东"字样的医生帽，脚踩一双老布鞋，走路带风。记者对管向东的第一印象，是个平易近人又干练爽利的人，和他的外号"管爷"十分相配。

从医 30 余载，管向东坚守在重症医学一线，带领中山大学附属第一医院重症医学专业从无到有、从弱到强；入党 25 年，他始终勇做团队中扛战旗的人，冲锋在前、义无反顾。

"重症医学不只是治病，更是救命"

1991 年，管向东硕士毕业后进入中山大学附属第一医院重症医学科，成为中国第一批 ICU（重症加强医疗病房）医生。彼时，中国的重症医学刚刚起步。管向东笑称："当时社会上，甚至部分普通病房的医生，都不清楚 ICU 是什么。"

新组建的中山大学附属第一医院重症医学科，仅有 8 张 ICU 病床，设备条件有限，底子薄弱，呼吸机坏了，管向东就自己动手拆下来修。"90年代开始，国家逐步重视发展重症医学，我有幸见证了重症医学的发展。"管向东说。

探索建立综合管理的重症医学中心，将不同临床亚专科的ICU病房纳入统筹规划，规范临床管理，带头编写全国首个重症医学科建设与管理指南……管向东带领团队，一步步将中山大学附属第一医院重症医学科建成全国建设规模和影响力最大的重症学科之一。近年来，作为中华医学会重症医学分会主任委员，他率领全国重症专业同行，有力推动着重症专业在中国的发展。

是什么让他坚持不懈地深耕重症医学？管向东向记者分享了他的一个统计：1991年之前，中山大学附属第一医院只有4张心脏外科ICU病床，普通外科患有器官衰竭的重症病人死亡率在90%以上；到了1994年，有了ICU之后，普通外科的重症病人救治成功率达到了90%以上。"这就是重症医学的价值，重症医学不只是治病，更是救命。"

作为一名临床专家，管向东坚持每周查房2—3次，"ICU就是I see you（我看着你），必须时时刻刻关注病人的变化。"他提出打造"有温度的ICU"，要求管床医生和护士每天主动与病人家属接触一次，与家属做好全面沟通。"ICU的病人都是生命垂危的关头进来的，他们把生命交给我们，我们要把他们当作家人看待，一切以病人为中心。"

查房、诊疗时，为了让病人更安心，管向东总戴着那顶绣着"党员管向东"字样的医生帽，"很多病人知道你是党员，会更加信任你，相信你一定会全心全意地为他们着想。"

"危难当前，我得带头冲进去"

接受采访时，管向东刚从上海疫情前线支援回粤一个多月。自2020年新冠疫情发生以来，他先后13次火线驰援，在疫区累计奋战了333天，和其他7位国家级专家一起被媒体和网友们亲切称呼为"重症八仙"。

2020年春节前夕，管向东接到电话，让他随时待命，作为医疗救治组国家级专家到武汉支援。正月初五，为疫情而焦心的他终于收到正式通知，"等不及了，我想立刻前往！"第二天一大早，他就坐上开往武汉的高铁，独自逆行。

"那时候的金银潭可谓是'龙潭虎穴'。"刚到武汉，管向东就马上到集中收治重型、危重型患者的金银潭医院巡查，进入生死时速。以金银潭医院为起点，管向东每天奔波在武汉各个定点医院的重症收治ICU，指导病区隔离、病患管理，研究救治思路，一天工作十几个小时。

当时天门市、仙

◎ 2020 年 4 月 4 日，管向东在武汉雷神山医院

桃市重症死亡率居高不下，他奉命前往指导工作，一到当地定点医院，不开会听汇报，直接套上防护服进 ICU 看实情，手把手指导医护人员开展插管治疗、为病人翻身。"危难当前，容不得半点犹豫，部分人有畏难情绪，我更得带头冲进去。"经他指导后，天门、仙桃的病亡率大幅降低。

在这场没有硝烟的战役里，管向东是扛旗冲锋的人。"一个人的力量有限，如果能引领同行奔赴一线，就能拯救更多病重患者。"疫情之初，他以中华医学会重症医学分会主任委员的名义，认真起草倡议书，联合其他两位重症学术组织负责专家，共同号召全国重症医学专业同道前往湖北支援。这封倡议书得到了广泛响应，驰援湖北的 4.26 万名医护人员中，有 1.9 万名来自重症专业。

从武汉归来，才休整 3 天，管向东就接到紧急任务，远赴黑龙江绥芬河抗疫。新疆、云南、辽宁、河南……两年多来，他奔走在党和人民最需要他的地方，一直保持着直接管理的重型和危重型患者零死亡的纪录，"我现在常备一个随身包、一个行李箱，听候召唤随时出发。"

"不变的初心是人民至上、生命至上"

在管向东看来，培养更多优秀的重症医学人才是关键："每个 ICU 建起来容易，拨一层楼，买点呼吸机，但是建好不容易，需要有一批批重症专业的医护人员全身心扑进去，才能撑起来。"

2003 年，管向东成为全国第一位重症医学专业的博士生导师，迄今为止培养了上百名硕博士研究生，其中的佼佼者已成为重症医学科的骨干。为了激发更多年轻医学生对重症专业的兴趣，管向东还在国内首次开设"重症医学"本科自选课，每次课程一上线就爆满。"重症专业医生的水平关系着病人的生命，我对学生的要求是，走出师门就得能救命，必须为每一个病人坚持到底。"

除了带学生，管向东还致力于做好县级医院重症学科带头人培训，每年为各个县级医院培养输送大批重症骨干人才，让更多重症病人有机会就近享受到 ICU 治疗，重获新生。

谈及重症医学下一步的发展，管向东兴致满满，"重症医学的信息化、大数据化是未来必经之路。虽然目前全国很多医院都已引入 ICU，但普通病房猝死率仍然不低。中山大学附属第一医院目前正在全国率先试点重症病人快速反应系统，给普通病房病人佩戴特殊电子手表，实时记录病人体征，异常时紧急呼唤，专门团队快速响应治疗，利用好大数据监测降低猝死率。如果试点成熟，将为更多病人发现潜在危险、守护生命。"

"我是一名重症医生，也是一名医生党员，不变的初心是人民至上、生命至上。"从医数十载，管向东一直在用实际行动向党"告白"，病人的生命健康和他胸前熠熠生辉的党员徽章一起，深深地摆在他心房最重要的位置。

《中国组织人事报》2022 年 7 月 13 日

奉命于病难之间，
受任于疫虐之际

◎钟　哲　李艾莲　彭福祥　梁嘉韵

中山大学附属第一医院重症医学科主任管向东，身材高大，步步生风。

作为"国家队"重症专家，他14次受命出征支援全国抗疫，每天进风险最高的"红区"，从不后退半步；他看到患者猝然离世难掩悲痛，写出广为传唱的抗疫歌曲；他对待患者永远像是热情的老朋友，提出打造"有温度的ICU"。

管向东先后被评为全国优秀共产党员、全国抗击新冠肺炎疫情先进个人、全国卫生健康系统新冠肺炎疫情防控工作先进个人，近日又荣获2022年"最美医生"称号。

"不在床边看病人，所有的事都是瞎扯"

2022年8月6日，管向东受命抵达海南，这是他的第14次逆行出征。

管向东常说："不在床边看病人，所有的事都是瞎扯。"刚到海南的第一周，救治条件相对简陋，他常亲自上手救治病人，一干就是6个小时。有的病区不能开空调，在海南的高温下，隔离衣穿上不久就湿透了。

随着全国医护增援海南，管向东回归国家指导组专家的身份，把主要精力放在巡视督导、医疗管理、相互协作等方面，帮助当地逐步优化医疗救治条件。疫情发生2年多来，巡回在全国各地的重症病房，已是管向东的工作常态。新冠疫情发生以来，管向东14次受命出征，先后驰援湖北、黑龙江、新疆、辽宁、云南、湖南、河南等多个省份，累计抗疫超过340天。

作为一名重症医学科医生，管向东有着一副侠心义胆。"凡为医者，侠之大者。奉命于病难之间，受任于疫虐之际。国有难，召必至，战必胜！"2020年年初，管向东就以中华医学会重症医学分会主任委员的身份，慷慨写下《致全国重症医学专业同道倡议书》，号召重症医护同道奔赴武汉。

他的振臂一呼得到举国响应。据国家卫生健康委统计，当时全国4.26万名援鄂医护人员中有1.9万名是重症医学人，援鄂重症医护人数占全国重症医学医护总人数的10%，他所在的中山大学附属第一医院重症医学科全员位列其中。管向东自己也冲在前面，2020年2月3日晚便来金银潭医院。"那时候金银潭医院收治的都是传染性很强的病人，但我们几个专家没有一点恐惧。因为我们本身干ICU的，心里都有数，只要把防护做好就行。"管向东说。

他的专业和乐观总能影响团队里的其他人。"管主任总是冲在最前面，他就是团队里那个扛战旗的人。"中山大学附属第一医院重症医学科副主任医师司向说。

作为中华医学会重症医学分会主任委员，管向东的很多创新探索，引领了我国重症医学科的建设。他表示："重症医学的发展，意义不仅仅在于我个人能帮助的一两个病人。带好学生，提升我国的重症专业，能让每年上千万的重症病人获益。"

号召医护"打造有温度的 ICU"

◎ 管向东打造有温度的 ICU

唱歌是管向东的爱好，读书时他曾参加学校的歌唱比赛；在海南虽然很忙，他仍不忘追看新一季的《中国好声音》。同为"重症八仙"的重症医学专家赵蓓蕾，曾笑称他为"被医学耽误的音乐家"。

他把自己对患者的柔情，也用音乐来表达。在武汉看到因救治无效离世的病人，管向东的心被深深触动，他花两三个小时写出了一首歌词。一星期后，由援鄂一线专家医护共唱的《我希望》面世："我看到了生命的脆弱，我幸运我和他们相伴，我希望把生命继续点燃……"

"凡为医者，性存温雅，志必谦恭，动顺礼节，举止和柔，无自妄尊，不可矫饰。"这是管向东的座右铭。常年在 ICU 工作，虽然见惯生死，但管向东的内心仍有一些温雅、和柔、不可触的地方。"最难受的是什么？上午去查房的时候，一个患者还对你竖大拇指，向你敬礼，下午人就走了。"他说。深知病重的苦痛，管向东总是温柔对待患者。

"ICU 的病人都是到了生命垂危的关头进来的，是用生命在信任你。"管向东有一套"泡病人"的理念，制定了"TEA"制度——T（Tell，告知），E（Evaluate，评估），A（Answer，回应），要求医护每天必须抽出至少一小时解答病人及家属的疑问，打造有温度的 ICU。

为了增强病人的信心，他常戴的医生帽上绣着"党员管向东"几个大字，"患者知道你是党员就更加信任你。"在驰援全国各地时，他的防护服上写着"管 OK"等大字，让重症患者一眼就能认出他，就能心安。

"我是因为抗疫工作得到大家的认可，但比我做得好的同道还有很多很多。"在他看来，自己所做的无非是医生的本分：善良、探索、付出、担当。简单的几点，他坚持了 30 余年。

管向东的生日在 8 月。2020 年喀什，2021 年郑州，2022 年海南，连续 3 个生日，他都没能和家人一起度过，会不会留有遗憾？

管向东想得通透："始终坚持人民至上、生命至上，不是一句空话。作为重症专家，14 次出征是我的分内事，家人也充分支持我。如果我没能参加，反而会成为一种遗憾。"

《南方日报》2022 年 8 月 18 日

2022

最美医生

潘 凤

苗岭上的健康守护人

◎ 王美华

一个药箱，一背就是 23 年；一条条山路，来来回回走了无数遍……

在贵州省安龙县普坪镇鲁沟塘苍苍茫茫的苗岭高山上，一位身着白大褂的苗家女医生奔忙其间 20 多年，用青春和汗水守护着这方土地上苗族同胞的健康，她就是安龙县普坪镇鲁沟塘村乡村医生潘凤。

前不久，潘凤光荣入选 2022 年"最美医生"名单。

"让和我妈妈一样的乡亲看病不再难"

1970 年 9 月，潘凤出生于普坪镇戈塘村青杠林苗寨。整个村子地处半山腰，交通十分不便。

初中时，潘凤的父亲患上中风，患有肺心病的母亲病情加重，每周都需要打吊瓶。由于村里没有卫生室，潘凤每个周末都要背着母亲走十几里的山路去镇上的医院看病，这一背就是 3 年。背母治病的艰辛，让潘凤深深感受到乡亲们看病的艰难，"我跟妈妈说，我要当一名医生，以后家里看病就不会这么难了，到时候我给你治病。"从那时起，学医的念头就在潘凤的心中生根发芽。

1995 年 9 月，潘凤考入黔西南州卫校，读民族医士专业。在校期间，她学习刻苦，学好本领给妈妈治病的念头一直被她放在心上。天有不测风云，1996 年端午，她接到母亲病危的消息，回到家时母亲已经离开了人世。"学医也没有帮到母亲，她走的时候也没见到最后一面，我心里特别难受。"潘凤说，这件事成了她终生的遗憾。

学医治好母亲病痛的愿望落空了，今后的路该怎么走呢？想到缺医少药、交通不便的村子，想到村里群众看病的难处，潘凤决定回村当医生，"母亲没有得到好的治疗，我觉得应该为像妈妈这样需要帮助的人做点事，让和妈妈一样的乡亲们看病不再难。"

1998 年卫校毕业后，潘凤到黔西南州人民医院妇产科进修半年，"我们这儿妇产科力量比较薄弱，妇女们生孩子是个大问题。"进修结束后，身边的同学纷纷留在城里工作，当潘凤把回村的想法告诉在卫校认识的男朋友周波时，周波劝她到经济条件更好的县城开诊所。潘凤没有被说动，后来她向男友发出了"最后通牒"：要么跟我回乡，要么分手。拗不过心爱的人，周波只好背着行囊跟潘凤一同来到戈塘村。

刚回戈塘村时，没房、没钱、没资助。潘凤借来几百块钱，租了一间民房，买一些药，准备了一张桌子、两张病床、一个药箱，就这样办起了村卫生室。从此，附近几个村的村民都有了看病的地方。

◎ 认真工作的潘凤

"第一次接生就瞧见这个架势，我都被吓蒙了"

由于潘凤是方圆二三十里唯一的医生，村民们大病小病都会来找她，其中最令她忧心的是孕妇们的分娩问题。

1999年2月的一天，潘凤接到村民潘应忠的紧急求救："妻子杨大团生孩子，小孩子出来了，可胎盘一直出不来，感觉要出大问题。"潘凤闻讯立即放下手中的活跑去杨大团家。刚进屋，就看见杨大团的家人正用磨刀石在她的肚子上来回比画寻找合适的位置挤压胎盘，还有人把脐带在扁担上绕了一圈准备用力……

"第一次接生就瞧见这个架势，我都被吓蒙了，赶紧叫停。"潘凤来不及害怕，立即开始动手施救，"我戴上手套，用盐水冲洗后，把手慢慢伸到产妇的子宫里，一点一点、慢慢地剥离胎盘，生怕出现大出血。"经过 1 个多小时的努力，胎盘终于被顺利剥离下来，产妇得救了。

这样惊心动魄的经历，潘凤经历了不止一次。

1999 年 6 月，卫生室来了一位邻村的村民湛开友，他说妻子罗国菊快生了，麻烦潘凤跑一趟帮妻子接生。情况紧急，潘凤稍作准备后背上药箱就跟着湛开友出发了。连走带跑了 2 个多小时，湛开友不断说快到了，潘凤却发现越走离村庄越远，心想："坏了！怕是被骗了！"

看潘凤有些不对劲，湛开友才坦言："妹妹，别怕，我怕你不来，所以一直没敢讲在山上。"原来，湛开友带妻子罗国菊在山上的玉米地里干活，妻子突然肚子疼，有生产迹象，山高路远，来不及送医院，湛开友只好匆匆找潘凤接生。

"我到山坡上的时候，孕妇正在喊肚子疼。"潘凤看到产妇附近有胶纸，连忙把胶纸铺好扶着产妇躺下，然后开始做检查，"当时宫口已经开了五六厘米，首先得稳住产妇的心，我安慰她说：'不要担心，你的胎位是正的，现在来不及去别的地方了，你就好好地配合我，我帮你把小孩生下来。'"经过近 2 小时的努力，罗国菊顺利生下孩子，潘凤紧绷的神经终于放松下来。

经过这件事，潘凤深刻认识到村民们的孕产知识十分匮乏。"什么时候怀孕、怀孕后应该注意什么、什么时候生产，大家了解得太少了，这是很危险的。"从此，潘凤每次给孕妇做定期检查时，都苦口婆心地劝村民提前去医院生产，"每次接生我都很怕出意外，尽量让大家去县、乡医院。"

改变村民的就医观念不是一件容易的事，村民龙梅就是一个典型例子。

潘凤为怀孕 5 个多月的龙梅产检，得知龙梅有凝血功能障碍，心中警铃大作，再三劝说龙梅一定要提前去医院。

一天深夜，龙梅的丈夫突然敲门，说妻子要生了，情况很不好。潘凤得知心里寻思："龙梅情况特殊，明明再三叮嘱他们提前去医院，不料情况比预想更危急。不去接生，良心过不去；去接生，风险委实很大。"潘凤想到人命关天，不再犹豫，背起药箱决定"赌一把"。

到了龙梅家，潘凤最担心的还是发生了——龙梅出的血从床上流到地上，情况十分危急，潘凤一边为龙梅打吊针扩容，一边为她注射缩宫素。经过紧张的抢救，慢慢地龙梅的血止住了，潘凤一直悬着的心才放下来了，跟她说："龙梅你吓死我了，我吓得现在全身都是软的。"

事实上，中国的医疗政策早已规定产妇在医院里接生，无论是顺产还是剖宫产，费用都会减免，但当时村民们还没有去医院生孩子的意识。

"这些年来，基层医疗卫生条件得到很大改善，经过多年的宣传教育，大家的意识都提高了，产妇们的生命安全得到了进一步保障，我也不用再担心了。"潘凤说，"看到她们平安，我就放心了。"

在返乡后的 23 年里，潘凤接生了 1000 多个孩子，处理了上百起孕妇生产危机，从未有过闪失。

"乡亲们好过了、幸福了，我就感到幸福"

在基层行医，会遇见各种各样的疾病。"每当遇到自己处理不了的疾病，就觉得如果自己再多学一点知识，可能就能帮患者解除病痛了。"为此，潘凤一边工作一边学习，努力提升应对各种疑难杂症的能力。

在长期的工作、学习和经验积累中，潘凤除会治疗各种常见病、多发病外，还学会了中医用药、针灸等技术。在乡亲们眼里，潘凤医术高、态度好，她的卫生室搬到哪里，群众看病就找到哪里。她的坚守，让长期以来困扰当地村民看病难、看病远等难题得到极大的缓解和改善。

2008 年，当地政府免费帮助潘凤建起了村卫生室。卫生室的桌子、药柜、仪器、担架等基本诊疗设备都是国家免费配发的，村医还有补助。

在戈塘村，村民住得分散，很多老人无法外出就医，潘凤就自己背着药箱上门服务。23 年来，潘凤走遍了方圆二三十里的村村寨寨、家家户户。一次次的巡诊，附近村寨里哪家有几口人，群众的家庭条件、健康状况如何，潘凤心里都有数。

2017 年 10 月，村里的杨忠芬老人患脑梗死无法走动。她家里情况很困难，丈夫去世，儿子患有夜盲症。潘凤知道后坚持一周两次免费接送杨忠芬去做针灸。两个多月后，杨忠芬渐渐好了起来。如今，杨忠芬把潘凤当作亲人，逢年过节都要走动。

2018 年 3 月，村里的孤寡老人潘国方摔伤卧床，潘凤连夜赶到他家医治。看到老人家中特别困难，每次去诊治时她还带上一些补品，帮助老人补充营养。

"潘医生对我们好得很，有潘医生帮我们治病，我们不怕。"村里的马德英老人早把潘凤当成了自己的女儿。

"她经常来看望我，怕我脑梗死复发，还拿药给我吃……"村里的曹学珍老人这样说。潘凤当村医23年，风里来、雨里去，村民们看在眼里、记在心上。

2018年8月，在国家脱贫攻坚政策的帮助下，戈塘村贫困群众通过易地扶贫搬迁进了城，潘凤的卫生室随着人口的迁移搬迁到相邻的鲁沟塘居委会卫生室。卫生室地处海子、洒雨和戈塘3个乡镇交界处，辐射范围进一步扩大。

入选2022年"最美医生"后，潘凤表示，要更加努力地提高医疗技术，更好地服务广大村民，"乡亲们好过了、幸福了，我就感到幸福；大家健康了，我就觉得值了。"

《人民日报海外版》2022年9月30日

20 余年如一日守护苗乡群众健康

◎ 祝庆庆

日前，中宣部、国家卫生健康委联合发布 2022 年"最美医生"先进事迹，全国共有 10 名个人和 1 个团队光荣入选。来自黔西南州安龙县普坪街道办事处普鲁沟塘居委会卫生室的乡村医生潘凤就是其中之一。

心中埋藏着学医的种子

1970 年，潘凤出生在安龙县普坪镇戈塘村，该村距普坪镇政府 30 余公里，是一个边远的苗族村寨，海拔 1430 余米，整个村子地处半山腰上。

由于母亲生病，还在初中时，每个周末潘凤都会背着母亲从青杠林苗寨步行到镇上卫生院看病，10 多公里的山路，每次都需要走两小时左右。

从带着母亲看病深深感受到了地处偏僻地方的群众看病难，那个时候，潘凤就暗自下决心——自己要学医。

1995 年 9 月，潘凤考入黔西南州卫校民族医士专业。在校 3 年，她学习刻苦，毕业时，学校在全级 300 多名毕业生中推荐 3 名学生到遵义医学院深造，她就是其中之一。

就读期间她接到母亲病危的电话。潘凤赶回家中，但母亲已经离开人世。

"学医很重要，不能给母亲治疗了，但还有很多乡亲需要看病治疗。"办完丧事后，潘凤到黔西南州人民医院妇产科进修。

进修结束后，自己身边的同学纷纷留在城里工作，但潘凤还记得自己当初的梦想与决心，想到缺医少药、交通不便的寨子，她义无反顾地选择回到家乡。

用青春和汗水服务群众

为产妇接生、为老人针灸、为困难病人义诊、指导村民防控疫情……20 余年来，潘凤用自己的青春和汗水服务当地苗乡群众。

刚刚回到家乡的潘凤在戈塘村租用民房办起了村卫生室。方圆二三十里，全村就她一个学医的。

"当时很多产妇都是自己在家生孩子，没有预产期的推算，有的是临产了才找上门，有的是生产过程中遇到紧急情况才想到找医生。"面对这些情况，潘凤一边教给村民基本生产知识，一边用心面对每一位需要帮助的村民。

2018 年 8 月，戈塘村贫困群众通过易地扶贫搬迁进了城，潘凤的卫生室随着人口的迁移搬迁到相邻的鲁沟塘居委会卫生室。

近年来，随着国家对卫生健康事业建设的不断投入，基本公共卫生服务给乡亲们送去了优质便利的医疗卫生保健服务，也提升了乡亲们的健康意识。

而潘凤的服务也不仅是治疗头疼脑热、接生等，还承担起了居民公共卫生服务、疫情防控、妇幼保健、传染病防治、计划免疫以及农村合作医疗等工作。

疫情防控时的"守护人"

2020 年新冠疫情来袭。当时在武汉大学读书的李某某放假后回到家中，因疫情形势严峻，寨子里的乡邻有些担心，李某某也感觉胸闷，心理压力大。

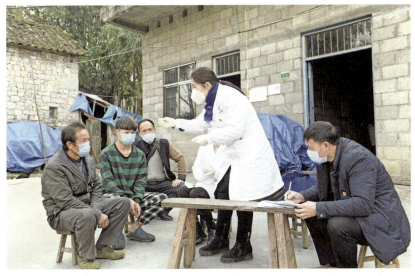

◎ 疫情防控期间，潘凤给周边群众宣传疫情防控知识

　　了解情况后，潘凤立刻赶到李某某家为她检查测温，对其家中进行消毒，做好居家隔离，又给周边群众不断宣传疫情防控知识。

　　采取一系列措施后，终于消除了李某某和周边乡邻的顾虑。

　　由于新冠疫情突然来袭，农村的防疫力量还很薄弱。为了筑起一道坚固的疫情防线，坚守乡村群众的生命安全。潘凤又与 4 名居委会回乡医科大学生等组成"医疗小分队"，入户给村民测体温、发放预防感冒的药物、教给村民基本的防护知识、对村民进行健康教育，夜以继日奋战在疫情防控一线。

　　"每天给群众量体温，免费给他们发放口罩、常用的药品，在疫情防控关键时刻，我们村医应该站出来，为群众做一点力所能及的事情。"潘凤说。

"大家健康，我觉得就值了"

　　为了让村民享受更好的医疗服务，潘凤在多方努力下，争取到恒金中医堂在安龙县医院发起的"公益万里行"活动。邀请到著名针灸专家郭相华教授亲临现场为聋哑患者和中风偏瘫及疑难杂症患者施针，并争取到恒金中医堂捐献 10 万元的关爱款用于困难病人。

　　2013 年以来，潘凤先后获得"贵州省十大最美乡村医生""全国五好文明家庭""贵州省最美家庭""贵州省劳动模范""全国最美妇幼天使""全国劳动模范"等荣誉。

　　这 20 多年来，她走遍卫生院附近方圆二三十里的村寨，在医疗健康精准扶贫工作中，对全村 35 岁至 65 岁农村妇女接受宫颈癌筛查，2019 年实现家庭医师签约医疗服务 116 户、502 人，免费服务患者 3000 余人次。

此次入选 2022 年"最美医生"，潘凤说，很荣幸得到这个荣誉，但自己没想过会得到这个荣誉。"比我辛苦、比我优秀的人有很多，而我只是众多村医中的一个。"

对于未来，潘凤说，自己作为一名基层工作者，以后会更加努力一点，尽量提高自己的医疗技术，为身边的百姓更好地服务。同时，大家健康了，自己就觉得值得和满足了。

《法制生活报》2022 年 8 月 23 日

行走苗岭的"健康守护人"

◎ 余必用

她，一个药箱，一背就是大半生。她，一座大山，一守就是 20 余年。她，越千座山，行万里路，爬遍千山万水，跨过千沟万壑，走遍千家万户，历尽千辛万苦。她，对乡亲至亲至爱，对患者不离不弃。她，就是安龙县普坪镇鲁沟塘村苗族女医生潘凤。

背母治病，求医难逼上从医路

潘凤出生在戈塘村青杠林苗寨。1994 年 7 月，潘凤初中毕业，因父母长期生病，她被迫弃学回家。在母亲患病卧床的三年中，她每周要背着母亲走 10 余公里山路去镇上医院打针输液。背母治病的辛苦，坚定了她从医解除病人痛苦的决心。

1995 年 9 月，她考取黔西南州卫校民族医士专业。1998 年毕业，当许多同学纷纷选择留城市发展时，她却义无反顾地回到戈塘村当医生。男友周波无奈之下选择跟她回乡。

一张桌子、一张床、一个药箱、一块自耕地,半农半医,这对年轻人当起了"赤脚医生"。

1999 年 2 月 24 日上午,村卫生室还未开张,戈塘村八坎组苗族妇女杨大团的丈夫就赶来紧急求救。潘凤刚进杨家门,就见杨大团的家人正按照土办法,用磨刀石压产妇肚皮。潘凤大叫"住手",随即用手慢慢剥离胎盘。经过近一个小时的努力,终于完成了她人生第一次接生。

说起当年的接生,虽然从未有过闪失,但潘凤还是心有余悸。"现在,经过多年的宣传教育,大家都愿意到医院生孩子,我不用再担心了。"

不离不弃,她是乡亲们的好医生

潘凤对患者的感情如春天般温暖,方圆几十里的群众提起她无不称赞,夸她是好大姐、好媳妇、好医生,亲切地叫她"凤阿姨""凤姐姐"。她,是苗岭上的"健康守护人"。

一字不识的古稀老太太王发珍,靠捡垃圾为生,家庭非常困难,每次到村卫生室都只要五角钱的去痛片。潘凤每次都要亲自给老人检查,然后对症下药,每次开的药都是几元到几十元。老人先后到卫生室 20 余次,可潘凤总共收老人的钱不到 5 元。这些,王老太从不知道,只知道潘凤不嫌弃她。

她对家乡的公益事业也很关心,20 余年来,潘凤捐给村里修路、资助困难家庭孩子读书的钱数以万计。

潘凤做好事不求回报,但乡亲们心里记着她。在她家里,经常有群众送鸡蛋、送菜，虽值不了多少钱，但那是乡亲们的心意。拗不过乡亲们的热情，也怕伤他们感情，潘凤只好象征性收一点。有时乡亲们送的东西多了，她就在以后的药费中给予减免，不让乡亲们吃亏。

真情挽留，再难也要一生坚守

2011年，在浙江打工回来的表哥表弟劝周波，说浙江像他这样学医、有经验的开诊所月收入上万元。丈夫被说动了，决定把诊所搬到浙江宁波。想到孩子长大了也要读书，送外地又无人照管，潘凤也犹豫了。

听说潘凤要关门了，许多村民天天往她家里跑，劝他们留下来，说，钱不够开支，大家一起想办法补贴。看着乡亲们渴求的眼神，

◎ 潘凤走在出诊路上

潘凤心软了。"人活着，难道总要计较钱多钱少？只要饿不死，做点有意义的事，穷点也快乐！"潘凤对丈夫说。

2018 年，根据易地扶贫搬迁政策，潘凤随戈塘村的贫困群众一起搬迁，来到相邻的鲁沟塘继续担任村医，为更多的村民健康护航。

20 多年来，潘凤走遍戈塘、鲁沟塘的村村寨寨、家家户户，接诊超 20 万余人（次）。潘凤说："作为一名共产党员、作为一名基层医务工作者，我将同广大医务工作者一道，继续在自己的岗位上埋头苦干，用自己的实际行动努力践行'人民至上、生命至上'的服务理念，尽心尽力保障乡亲们的生命安全和身体健康！"

《贵州健康报》2022 年 8 月 19 日

2022

最美 医生

抗击新冠肺炎疫情
国家流调专家队

新冠病毒狡猾多变，"病毒猎手"国家队面临哪些挑战？

◎ 刘昶荣

2022年8月19日是第五个中国医师节，中央宣传部和国家卫生健康委向全社会发布了2022年"最美医生"先进事迹，除10名"最美医生"以外，抗击新冠肺炎疫情国家流调专家队是唯一获得"最美医生团队"殊荣的队伍。

当天下午，抗击新冠肺炎疫情国家流调专家队代表、中国疾控中心传染病预防控制所党委书记卢金星在国家卫生健康委召开的2022年"最美医生"记者见面会上回答记者提问时说，不断变异的新冠病毒传播能力和隐匿性同时变强，这对流调队伍来说是非常大的挑战。

要想把疫情控制住，必须突出"早"和"准"。其中，"早"是前提，因为稍微晚一点，疫情就会蔓延。关于病毒的传播点，流调判断得越准，对老百姓的日常生活影响也越小。

2022年7月，卢金星到一个边境城市参加疫情防控。7月2日，

◎ 身着医用防护服的医护人员

在一个社区筛查出一例阳性感染者田某某。当时在办公室，流调人员和公安民警一起分析病例情况。卢金星提出一个问题："这位有什么嗜好没有？""喜欢搓麻将。"

顺着这个线索，流调人员先排查病例所在小区的棋牌娱乐场所。经查没有涉及，然后马上查病例的活动轨迹，发现住在 A 区的田某某前两天到 B 区的刘某父母家里打过麻将。"刚好这个时候又报告 B 区的刘某核酸阳性，我们一下就给他关联上了。"卢金星说。

当天晚上 12 点多，流调人员到现场进行研判。卢金星说："因为小区有 6 栋楼，涉及 8400 多户，接近 1 万人，要不要全部集中隔离？这是一个大的难题。"

根据病例的活动轨迹、牌友的情况、核酸的 CT 值等信息，流调人员对风险区进行了非常精准的划定：有阳性病例的这栋楼一共17 层，只有一部电梯，意味着这一栋楼里的 150 多人风险比较高，所以对这栋楼的人进行居家隔离；阳性病例所在的第 17 层，涉及 8 户，除了已经有阳性病例的 2 户，对另外 6 户进行集中隔离；剩余的 5 栋楼划为中风险区进行管控，人员足不出小区。

卢金星说："我们大胆作出这样精准的研判，是基于对很多数据的分析。实践证明，我们的判断是正确的，整个小区就那两个家庭出了阳性，其他人都没有被感染。"

"如果抗疫是打仗的话，我们流调队伍就起到参谋部的作用，一起分析疫情形势；地方的队伍就像侦察兵和情报员，把挖到的信息提供过来，我们来分析，这样才能精准地作出决策。"卢金星说，"所谓打仗，知己知彼才能百战不殆。所以，流调的作用，就是锁定源头，探明传播途径，然后探清楚涉及的风险人群、风险点，关键还要分析态势，这都是我们打赢防疫战争的决定性因素。"

2021 年 9 月 18 日，国务院应对新冠疫情联防联控机制综合组从国家疾控中心和各地疾控机构遴选了在流行病学调查、疫情分析、实验室检测等方面经验丰富、业务能力强的专家，组成了抗击新冠肺炎疫情国家流调专家队，队伍成员 300 多人。

卢金星说，队伍成立以后，平时注重学习，提升能力，随时备战。一旦哪个地方发生疫情，队伍会响应国家统一调度，迅速赶到现场，进行疫情处置。"我们的同志从疫情发生到现在，很多时间要么在防疫一线，要么在隔离，有的人甚至一年有 2/3 的时间都是这样过来的。"

由于病毒传播速度快、隐匿性强，有时候涉及的人数非常多，传统面对面的流调方式无法满足现实需求。卢金星说："我们这两年通过互联网模式，来标定一个人可能从哪个点来，有什么样的风险，是否该做核酸检测等。但是这些信息化工具还远远不够，我们在现实中发现，基层想要做到又早又准，但是往往信息获得很困难，原因就是我们没有一个很好的平台。"

卢金星进一步分析说："疫情防控需要有个大的信息平台，这个大的信息平台要统筹核酸检测、流调溯源、转运隔离、医疗救治，甚至后勤保障等信息。这些信息看似无关，实际上是相通的。比如流调以后，哪些人去隔离、隔离有没有资源、谁来转运等，这些信息也都需要互通。如果社区有数据库的话，只要社区出现一个阳性，我们马上就能通过大数据分析出关联程度。未来，需要在这方面做更多工作。"

最后，卢星金说："新冠疫情还没有结束，形象地说，就像一场战争，我们打赢的是一个一个的战役，要想取得最后的胜利，除专业队伍发挥作用之外，还需要全体人民的参与，只有这样，我们才能用最小的投入获得最大的成效。"

《中国青年报》2022 年 8 月 30 日

肩负光荣与使命
照亮生命与希望

◎ 崔　芳　王　倩　张　丹　陈菊茹　刘嵌玥

　　抗击新冠肺炎疫情国家流调专家队，必胜决心、敢与病毒竞速。连日来，多地新冠疫情牵动着人们的心。力争以最短时间、最小成

◎ 抗击新冠肺炎疫情国家流调专家队

本控制疫情，是所有人的期待，更是在此期间奋战的抗击新冠肺炎疫情国家流调专家队的首要目标。为此，他们日夜忙碌着，以实际行动为"最美医生"做注脚。

从武汉到三亚，新冠病毒毒株在变异，病毒的传播力、感染力、隐匿性在增强。与此同时，疫情发生后，各地抓早抓小，发现处置也更快、更科学、更精准。抗击新冠肺炎疫情国家流调专家队，在其中起着极为重要的作用。

这支队伍于2021年9月组建成立。国家卫生健康委会同国家疾病预防控制局，从中国疾病预防控制中心和各地疾控机构中遴选了300多名在流行病学调查、疫情分析、实验室检测等领域专业能力强、实战经验丰富的专家。专家分成16支小分队，每支小分队17—21人，内设现场流调小组、疫情分析小组和实验室检测小组。队伍随时待命，一旦有地方报告疫情，便以最快速度赶赴现场，对新冠病毒"侦查围堵"，与新冠病毒极限竞速。

用最短的时间采集、提交流行病学调查信息，是竞速的基础。流调是通过采集大量的信息"侦破案件"，这个过程像是一场高效快速的"缉凶"搜索。为此，流调要争分夺秒，快速启动调查，精准、快速地锁定并控制传染源。一遍遍打电话了解信息，不能嫌累；大热天身穿防护服入户调查，要能挺住；克服方言困难，是基本功……

最精准地判定密切接触者和感染风险人群，开展医学隔离、医学观察，是围堵病毒、在竞速中占得优势的关键。这可是个技术活儿。队员们说，密接判定是否准确，既影响流调质量，也会对流调对象产生影响——一旦被判定为密接，就要被集中隔离。因此，必须格外认真负责。

此外，要关注风险环节、风险场所和风险人群，梳理风险点，及时采取管控措施；分析疫情特点，研判趋势走向，提出防控措施建议，为政府决策提供依据……如此种种，是竞速制胜的保障。为此，这支队伍掌握了与各级地方队混编作战、因地制宜、取长补短的精髓。国家队重在发挥指导、推进、参与的作用，既当培训员——帮助市县提升流调能力，为当地培养一支带不走的队伍；同时也是"质控员"对市县提交的流调报告进行把关；省级专家担任组长，负责组织协调，在国家专家和市县工作人员中间起桥梁作用；市县工作人员熟稔当地风土人情，与群众沟通更加顺畅。与此同时，实验室检测团队轮班值守，源源不断提供检测结果，提示重点方向。与病毒赛跑的过程是团魂的燃烧，靠的是集体的力量。

"疫情发生以来，我一共被派出了20次，转战22个地方，共计303天。"中国疾控中心传染病管理处主任医师殷文武说，这是每位流调专家的工作常态。

提及获得2022年"最美医生"团队的殊荣，中国疾控中心传染病预防控制所党委书记卢金星直言，受鼓舞，更受鞭策。"作为公卫医生，我们任重而道远！"

《健康报》2022年8月19日

流调：一场快速高效的
侦查围堵

◎ 张　磊

2021年，从9月10日报告首例新冠确诊病例，到9月19日新增确诊病例降至个位数，福建省莆田市用了9天。

快的背后，是"强化流调，统筹各方，快速推进，精准防控"发挥的积极作用。疫情发生后，国家卫生健康委、国家疾控局立足抓早抓小抓基础，第一时间派出国家流调队；在莆田，4小时提交核心信息、24小时内完成流调报告成为"标配"；组织形式上，联合流调队实现了国家、省、市、县4级混编的高度融合，公卫、公安、工信协同作战，流调打出"快"拳的同时，与核酸检测、转运隔离、社区封控等密切配合，挥出一记组合拳。此外，国家流调专家队发挥指导、推进、参与的作用，确保流调质控，并为当地培养一支带不走的队伍。

从武汉到莆田，控制传染源、切断传播途径、保护易感人群，抗击新冠疫情的根本策略从未改变。变的，是不断扭转的战局——从阻击战的应急救治，到常态化以检测为主的扩大预防，再到当下迎战变异毒株德尔塔的精准防控，秉持"打一仗进一步"的理念，国家卫生健康委、国家疾控局不断总结经验，防控工作越发精准主动，不断前移、再前移。

序　幕

9月10日，福建省莆田市仙游县应对新冠疫情工作指挥部办公室发布通报，该县发现6名核酸检测阳性人员。当天21时47分，浙江省台州市疾控中心副主任医师王良友接到任务，赶赴莆田。

这源于他的另一个身份——国家流调专家队队员。这支队伍大部分由中国现场流行病学培训项目（CFETP）的学员组成。CFETP又称"C班"，被业内视为公共卫生界的黄埔军校，王良友就是第14期学员，此次出征莆田的19名国家流调专家队队员均出自C班。

就在王良友赶赴一线的同时，中国疾控中心应急中心主任李群也整装待发。从武汉到莆田，李群多次参与疫情处置，亦是C班的首期学员。在这位大师兄看来，随着新冠战局的不断演进，流调队正在扮演打响战"疫"第一枪的角色。

2021年9月14日6时，仙游县疾控中心。此时，这里已被临时用作联合流调队的办公地点，公卫、公安、工信的人员会聚于此，协同作战。

"嘀"！"嘀"！王良友的手机和电脑相继响起清脆的提示音，犹如利刃划破晨曦。"又有初筛阳性了！"忙碌到深夜，只能在办公桌上埋首小憩的他一下子坐起身，抓起手机，查看信息。

提示音的背后是一种更加积极的流调机制——逢阳必报，接报必查。即实验室一旦检测出初筛阳性患者，立即通过网络直报系统、短信等形式，通知流调队员启动流调。

"既往，初筛阳性者要经过复核确诊后，方才对其开展流调。"李群说，由于此前并未对复核作出明确时限规定，从报告初筛阳性到复核确诊的时间有的甚至长达数日，大大减缓了流调进程，而逢阳必报、接报必查意味着不再等待复核，流调直接介入，从而更早地发现密切接触者并采取集中隔离等措施，遏制疫情蔓延。"经过测算，现在的做法比既往启动流调至少提前了 12 个小时。"

虽然存在因假阳性而"白费工夫"的可能，但在李群看来，这种"损失"是值得的，"要快速控制疫情，就要争分夺秒，快速启动调查，快速采取控制措施"。

以逢阳必报、接报必查为起点，4 小时提交核心信息，24 小时内完成流调报告，一场快速推进的侦查围堵就此拉开了序幕。

◎ 抗击新冠肺炎疫情国家流调专家队部署社区防疫工作

混　编

为了提高效率，联合流调工作队下设指挥组、调度组、5 个现场流调组、疫情分析组、联络信息组、后勤保障组。王良友作为国家流调队专家，被安排在现场流调 2 组。

"来活儿啦！"接报后的王良友唤醒流调 2 组的队员。2 组共 33 人，组长来自福建省疾控中心，除王良友外，其他 31 人来自市、县疾控机构或医疗卫生机构，按照两人或三人的标准又被细分为 10 多支小分队。

周世强和阮世英组成的小分队就是其中一支。二人分别来自漳州市龙海区疾控中心和莆田市仙游县妇幼保健院。作为一名助产士，阮世英坦言，自己是个流调"小白"，但在此次疫情中，也有着从事这项工作的天然优势——语言。

做好流调，语言是基础。"闽南话千差万别，仙游县东和县西的人，讲起话来也有差别。"阮世英说。

在莆田，流调队的组织工作与以往有所不同，最突出的特点是由国家、省、市、县 4 级混编而成，这也是从武汉至今，历经十多次大小不同战"疫"后，国家卫生健康委总结摸索出的一种更加积极有效的组织方式。

王良友是初次参与 4 级混编组成的流调队。"以往战'疫'中，也会有不同层级的专家共同参与，但大家更多的是和同级人员合作，像这样，每支队伍都由 4 级人员组成的高度融合，还是第一次。"

混编整合如何提高流调效率？磨合数日后，王良友的体会是，国家队重在发挥"指导、推进、参与"的作用，既是"培训员"——帮助市县人员提升流调能力，为当地培养一支带不走的队伍；同时也是"质控员"——对他们提交的流调报告进行把关；省级专家在当地人脉广，对市县情况比较了解，由他们担任组长负责组织协调，能在国家专家和市县工作人员中间起到桥梁作用；市县工作人员虽然业务上有一定不足，但熟稔当地风土人情，这对流调工作而言同样至关重要。"重在分工明确，各方取长补短，发挥各自优势。"

协　同

这次的流调任务分配给了周世强和阮世英。他们首先要完成的，是在 4 小时内提交核心信息报告。

"这就是要填写的核心信息。"周世强指着电脑屏幕上的一份表格说，除姓名、年龄、职业等基础信息外，还有患者的发现方式（密切接触者筛查、医疗机构就诊、社区排查）和近 14 天的行动轨迹等。之所以称为"核心信息"，因为只有在最短时间内找到密接并采取集中隔离措施，才能有效控制疫情蔓延，流调的价值才能得以体现。

电话问询前，阮世英将表格中需要采集的信息转化为一个个问题，列出清单，以此为底本。问询时，周世强负责将阮世英记录在纸上的信息录入电脑，二人分工协作，提高效率。

"嘟嘟……""还好，对方接听了。"坐在一旁的周世强松了一口气，他告诉记者，初期，看到是陌生电话号码，流调对象常常会直接挂断。为此，在工信部门的协助下，流调队员的来电号码会显示为"福建疾控"，同时以短信提醒流调对象"福建疾控流调给您来电，请您接听"。

电话的另一端，传来一名男子低沉的声音，不停诉说自己的遭遇。"这种情况常会遇到。"阮世英说，电话询问前，她会利用自己本地人的优势，先跟对方聊一会儿，拉拉家常。"情绪好了，后面的沟通才能顺畅。"

在莆田，公卫、公安、工信协同作战的特点体现在诸多细节中。

儿童病例多，是此次莆田疫情的特点之一。初期，儿童病例一度占到总病例数的一半。由于这些孩子没有手机，很难借助大数据勾画其活动轨迹，孩子在表达上也不如成年人清晰，给流调工作带来了挑战。流调人员只有耐心地不断和其家长沟通，通过不同流调对象之间的信息交互印证，核对准确性。"相比成年人，儿童的活动范围有限，通过反复比对印证，问题在一定程度上得到了解决。"周世强说。

记者了解到，5 个现场流调组均配备了公安人员，一旦遇到流调对象回想不起既往行程等情况，在保护对方隐私的前提下，借助大数据帮助其找回"丢失"的记忆，提高流调效率。

"流调初期，还曾遇到一个小插曲。"周世强说，仙游县疾控中心的办公电话数量有限，流调时很多队员只能用自己的手机打电话，不少人的手机不到一天就欠费了。在了解这一情况后，工信部门及时采取相应措施，保障流调人员的电话畅通。

"100 分钟！这次的电话流调比规定时间提前了 20 分钟。还算顺利。"阮世英舔了舔干裂的嘴唇，露出一抹微笑。

协同作战的背后，是不断加强指挥调度结出的硕果。全国多地暴发了大大小小数十场聚集性疫情，病毒变异传播加快、区域城乡能力不均等因素，给防控工作增加了不确定性和复杂性。国家卫生健康委积极应对每一场疫情，秉持"打一仗进一步"的理念，不断总结经验，加强指挥调度力度，国家、省、市指挥体系不断优化机制，让防控工作越来越主动、精准，流调溯源、核酸检测、转运隔离、社区封控等密切配合，挥出一记组合拳。

分　析

有了这些信息，接下来要做的，是核心信息报告最重要的部分——判定密切接触者。

"这可是个技术活儿。"周世强说，密接判定是否准确，既影响流调质量，同时也会对流调对象产生影响，一旦被判定为密接，就要被集中隔离。因此，必须格外认真负责。

最初，周世强和阮世英遵照《新型冠状病毒肺炎疫情防控方案（第八版）》以及国家专家组制定的模板来做，再由王良友帮忙把关。随着经验的不断累积，他们问询时，除了"清单"上的问题，也会根据流调对象的情况，灵活提问，"信息掌握更充分了，判断密接的准确性也大大提高"。

3个半小时，核心信息报告完成了。"不错！"王良友翻看二人提交的报告，频频点头。王良友坦言，虽然有些来自基层的流调队员专业知识欠缺，但大部分是年轻人，学习能力强，经过短暂培训后边学边干，进步很快。

通过不断在实战中向国家队专家学习，周世强感觉自己有了明显提升，思路更清晰了，问询时更能抓住重点。他告诉记者，流调不是探询隐私，所问的内容一定是和发现疫情风险密切相关。队员们在工作中不断反思总结，剔除一些不必要的问题，这既能提高流调效率，也能避免流调对象产生厌烦情绪。

剩下的 18 个小时，周世强和阮世英还要进行深度流调，补充其他信息，完成 24 小时流调报告。"比如补充密接的密接的信息，相比密接，这个信息的重要性要次之，所以放在后面。"周世强说。此时，已是 13 时，"核对完这个信息再吃午饭"。

为了尽早发现病例，核酸检测实验室的设备 24 小时不停歇，人员则轮班值守，这意味着流调队随时可能收到初筛阳性病例报告。白天尚可，如果是深夜，接报后，如何在 4 小时内完成核心信息报告呢？面对记者的疑问，周世强坦言，为了避免流调对象产生厌烦情绪，0—6 时暂停电话问询，但这并不意味着流调工作的停歇。队员们会轮流值夜班，做前期的准备工作。比如，根据大数据勾画出流调对象的活动轨迹，便于第二天问询时提速。

经过数日的高强度工作，周世强坦言，虽然被称作流行病学调查，但它并不是单纯的科研，而是通过采集大量的信息，像福尔摩斯一样侦破案件，"24 小时的流调过程，更像是一场高效快速的侦查围堵"。

质 控

2021 年 9 月 15 日深夜，莆田市某酒店一楼会议室，灯火通明。如果说"王良友们"是在流调的前方，这里，则会聚着后方的智囊。

采集信息只是流调的基础。"流调信息包含几方面价值。"李群说，追踪传染源，锁定上家，避免增加感染；判定密切接触者和感染风险人群，锁定下家，开展医学隔离、医学观察，阻断扩散传播；挖掘信息，关注风险环节、风险场所和风险人群，梳理风险点，及时采取管控措施；分析疫情特点和研判趋势走向，提出防控措施建议，为政府决策提供依据。前方流调人员在单独进行个案流调后，每天分享案例；后方则会商疫情，将"平行线"变成"交叉线"，追查到共同的感染来源，解析疫情特征和发展趋势。后续分析研判及管控措施是能否控制疫情、跑赢病毒的关键。

李群强调，防控是一个有机整体，只有与核酸检测、社区封控、转运消杀等措施相互配合，流调的价值才能体现。"在强调快速完成的同时，流调的质控同样非常重要。"因此，每支队伍中都有质控员对每份报告进行审核，通过后才能上报；后方也会对流调报告再次检查，发现有遗漏后，提醒前方补充调查。同时，定期对已经调查的病例"回头看"，以确保调查质量。

通过"回头看"，既往单个病例没有发现的风险点，随着病例的增多，更多线索会浮出水面。"举个例子。"李群说，在这次仙游县枫亭镇的疫情中，随着不断"回头看"，就发现多个病例都曾到过一家鞋厂附近的超市，这意味着该超市可能是一个风险点，超市顾客中存在交叉感染的风险，需要进一步加大顾客的排查力度尽可能找到所有风险人员，特别是外地人员，及时加以管控，防止疫情外溢。

当前的流调工作中，电话调查已经成为一种重要方式。对此，李群表示，在人力有限的情况下，面访主要针对重点人群和重点场所。"比如，刚刚提到的那家鞋厂，因为发生了聚集性疫情，我们就派出队伍，多次进行现场调查。"

虽然面访更有利于调查者与调查对象进行沟通，但目前电话询问辅以大数据的方式，可以满足大多数一般病例的调查，节省路途时间，且可以反复调查，更符合实战化需求。同时，这种无接触式的调查，可以降低调查员感染的风险。"总之，流调不是科研，战'疫'当中，更讲究的是实战效果，以结果为导向，根据需要，采取适合的调查方式，不必一概而论。"李群说。

火　种

"初期的压力非常大，全体队员都处在超负荷状态。"回首此次战"疫"中的流调工作，李群不无感慨。虽然辛苦，但只有这样才能实现快速控制疫情。

另外，流调提速，离不开高水平人才。随着战"疫"的不断演进，我国核酸检测队伍和医疗救治力量均在不断成长壮大，相比之下，流调队伍的建设问题更显迫切。南京禄口国际机场所引发的疫情刚刚硝烟散去，国家卫生健康委、国家疾控局立刻谋划此事，经过全国筛选，共遴选 304 名专家组成国家流调专家队。9 月 10 日，仙游县发现疫情当天，由王良友在内的 19 人组成的第一支队伍即被派出。

"这样做的目的就是快速提升疫情处置流调能力，弥补既往疫情处置过程中流调工作存在的不足。"李群说，专家以中国现场流行病学培训项目（CFETP）优秀毕业生为基础，遴选流行病学调查、疫情分析、实验室检测等领域高水平专家，同时具有新冠疫情现场调查处置经验者组成。综合考虑人口、防控资源及地理因素等，将全国划分为 8 个片区。

根据遴选专家的专业结构、所在片区等因素，共组建 16 支国家流调专家队，每支专家队约 19 人，由中国疾控中心和各地的专家混编组成，分别对口包干 8 个片区，每个片区 2 支队伍。"希望这支队伍成为火种，让我国流行病学队伍呈现燎原之势。"李群说。

《健康报》2021 年 9 月 27 日